花萼与三叶

叶至善 叶至美 叶至诚 著

四川文艺出版社

图书在版编目（CIP）数据

花萼与三叶 / 叶至善, 叶至美, 叶至诚著. — 2版. — 成都：四川文艺出版社, 2021.10
ISBN 978-7-5411-6118-6

Ⅰ.①花… Ⅱ.①叶…②叶…③叶… Ⅲ.①散文集－中国－当代②小说集－中国－当代 Ⅳ.①I217.1

中国版本图书馆CIP数据核字（2021）第179189号

HUAEYUSANYE
花萼与三叶

叶至善　叶至美　叶至诚　著

出 品 人	张庆宁
责任编辑	梁康伟
封面设计	叶　茂
内文设计	最近文化
责任校对	文　雯
责任印制	桑　蓉

出版发行	四川文艺出版社（成都市槐树街2号）
网　　址	www.scwys.com
电　　话	028-86259287（发行部）　028-86259303（编辑部）
传　　真	028-86259306
邮购地址	成都市槐树街2号四川文艺出版社邮购部　610031
排　　版	四川最近文化传播有限公司
印　　刷	成都勤德印务有限公司
成品尺寸	145mm×210mm　　开　本　32开
印　　张	8.75　　　　　　　　字　数　170千
版　　次	2021年10月第二版　印　次　2021年10月第一次印刷
书　　号	ISBN 978-7-5411-6118-6
定　　价	32.00元

版权所有·侵权必究。如有质量问题，请与出版社联系更换。028-86259301

目录

「花萼」

序 / 宋云彬 …………………… 003
自　序 / 叶至善 …………………… 007
集　邮 / 叶至诚 …………………… 009
我与游泳 / 叶至诚 …………………… 014
坐鸡公车 / 叶至美 …………………… 020
病中情味 / 叶至善 …………………… 023
微　雨 / 叶至善 …………………… 031
乐山遇炸记 / 叶至诚 …………………… 034
夜　袭 / 叶至诚 …………………… 042
化为劫灰的字画 / 叶至善 …………… 045
"工作"小记 / 叶至美 ………………… 050
班图书馆 / 叶至诚 …………………… 056

考　试 / 叶至诚 …………………… 060

纪念册 / 叶至诚 …………………… 063

宣　传 / 叶至诚 …………………… 067

我是女生 / 叶至美 ………………… 073

课余散记 / 叶至美 ………………… 079

头发的故事 / 叶至善　叶至诚 ……… 084

寄卖所 / 叶至善 …………………… 098

司机们 / 叶至善 …………………… 101

擦皮鞋的 / 叶至善 ………………… 104

物　价 / 叶至美 …………………… 107

速　写 / 叶至诚 …………………… 111

成都盆地的溪沟 / 叶至善 ………… 113

脚划船 / 叶至善 …………………… 117

谈写日记 / 叶至善 ………………… 120

旋　涡 / 叶至善 …………………… 123

「三叶

序 / 朱自清 ……………………… 129
自　序 / 叶至善 ……………………… 132
喂　蚕 / 叶至善 ……………………… 134
集体创作 / 叶至善 ……………………… 140
史先生 / 叶至善 ……………………… 150
某种人物 / 叶至善 ……………………… 160
雅安山水人物 / 叶至善 …………… 167
江大娘 / 叶至美 ……………………… 172
门房老陈 / 叶至美 …………………… 186
大　衣 / 叶至美 ……………………… 195
默　想 / 叶至美 ……………………… 201
母与子 / 叶至美 ……………………… 206
在邮局里 / 叶至美 …………………… 215
拿到了第一次薪水 / 叶至美 ………… 218
看　戏 / 叶至诚 ……………………… 226

看书买书 / 叶至诚 …………… 235

英雄气概 / 叶至诚 …………… 241

fú 鱼 / 叶至诚 ………………… 248

成都农家的春天 / 叶至诚 ………… 254

拉路车的 / 叶至诚 ……………… 263

重印后记 / 叶至善 ……………… 270

花萼 Hua E

序

宋云彬[①]

这本集子的作者"弟兄三个",是叶圣陶先生的公子和女公子。我和圣陶相交十六年,他的为人处世的态度和他的文学修养,在我的师友中间,是最值得敬佩的一个。他是我的益友,也是我的良师;只可惜我生性顽钝,没有能够从他那里学到一点涵养功夫和写作技能。尤其使我艳羡不置的,是他的那个美满的家庭。他上有七十高龄而很健康的老母。他的夫人胡墨林先生,是一位教育家同时是一位贤主妇。他的长公子小墨(至善)已毕业专门学校,女公子至美已进了大学,而他的第三个公子至诚我们一向叫他"小三官"的,六七年不见,已经是一个中学生,而且写得出那样情文并茂的作品来了。他的家庭中永远充满着融融泄泄的空气。现在让我来抄一段本书的序文罢:

吃罢晚饭,碗筷收拾过了,植物油灯移到了桌子

[①] 宋云彬(1897—1979),著名文史学者、杂文家。20世纪30年代任开明书店编辑,主编《中学生》杂志。

的中央。父亲戴起老花眼镜,坐下来改我们的文章。我们各据桌子的一边,眼睛盯住父亲手里的笔尖儿,你一句,我一句,互相指摘,争辩。有时候,让父亲指出了可笑的谬误,我们就尽情地笑了起来。每改罢一段,父亲朗诵一遍,看语气是否顺适,我们就跟着他默诵。……

我们试闭目想想,这是一个何等美满的家庭,在这种家庭环境里面,学习写作,进步一定是很快的,除非是天生钝质。所以我常常对我的子女说:"小墨他们是幸福的。"

抗战以来,圣陶一直在埋头做切实的工作,不大发表作品,但他的公子和女公子,却于工作或课余之暇,写了不少篇散文,现在结集成这本《花萼》集。这里面二十多篇作品,除杂感、回忆之外,大都是写抗战大后方及学校中的形形色色,包含着各种不同的体裁,每个人又都具有自己的特殊的作风。虽然他们在序文里说,每篇都经他们的父亲修改过,但从每个人的作风不同这一点看,圣陶不过在字句之间,替他们略加修改而已,整篇的内容和结构,还是照原样的。这二十多篇作品,我每篇都仔细读过,不必看他们的具名,便能分别出哪一篇是小墨写的,哪一篇是至美或至诚写的,就因为他们弟兄三个各有自己的作风之故。至于作风怎样不同,却很难具体地写出来,如果用苍劲、朴茂、温润、活泼、沉郁等抽象的字眼来形容各个的作风，显然是不妥当的，还是让读者自己去分别吧。但是他们有一个共同的优点，应该在这里指出的，就是：头脑冷静，观察深刻。而结构的谨严，文字的通顺与简繁得当，竟有为老作家或名作家所不及的。近来弄文艺的人，往往有一种偏见，以为写文艺作品，只要内容充实，情感丰富，不必专在字句上用功夫。其实文字是表达情感的工具，文字没有写通，如何能够把丰富的情感充分地表达出来呢？情感既不能充分表达，内容更何从充实起？记得有一位老作家，在回答"创作要怎样才好"这一个问题时，说："留心各样的事情，多看看，不看到一点就写。写不出时候不硬写。写完之后至少看两遍，竭力将可有可无的字、句、段删去，毫不可惜。不生造除自己之外谁都不懂的形容词之类。"我们看这本集子里的作品，没有一篇是硬写出来的。他们是平常留心各样的事情，观察得深刻了，觉得非写出不可，才动笔写的。他们写完之后，不但自己在推敲斟酌，还经过他们的父亲——圣陶先生戴起老花眼镜，将可有可无的字、句、段删去，毫不可惜。至于除自己之外谁都不懂的形容词之类，在这二十多篇作品中，是绝对找不出的。他们自己很谦虚地说，"我们这些文章，原为练习，合将起来，岂不成作文本儿"，其实像这样的作文本儿，现在的中学校乃至大学校里，如何找得出来。我以为青年看看这一类作品，也许比读《精读文选》之类还要受用些。

上面的话,都是赞美的,但也有使我不甚满意的地方。那就是:他们的头脑太冷静了,所以在作品中似乎战斗的情绪比较差一点。尤其在爱与憎的方面,他们没有能够做到所谓"像热烈地拥抱着所爱一样,更热烈地拥抱着所憎"。例如至诚写的那篇《乐山遇炸记》,固然写得惊心动魄,但使读者只感觉到他们所遇的是一场天灾,对于敌人的憎恨写得太不够了,如果末了不引一段他父亲的日记,那连敌人的残酷都不曾充分写出来。小墨的《化为劫灰的字画》,也是惆怅、感伤的成分多,憎恨的成分少。我的批评,也许太苛刻一点,只因和圣陶相知有素,就这样很直率地把我的意见写了出来,至善他们能不嫌我"老气横秋"否?

云彬 (民国)三十二年八月于桂林

自 序

叶至善[①]

今年一年间,我们兄弟三个对于写作练习非常热心。这因为父亲肯给我们修改,我们在旁边看他修改是一种愉快。

吃罢晚饭,碗筷收拾过了,植物油灯移到了桌子的中央。父亲戴起老花眼镜,坐下来改我们的文章。我们各据桌子的一边,眼睛盯住父亲手里的笔尖儿,你一句,我一句,互相指摘,争辩。有时候,让父亲指出了可笑的谬误,我们就尽情地笑了起来。每改罢一段,父亲朗诵一遍,看语气是否顺适,我们就跟着他默诵。我们的原稿好像从乡间采回来的野花,蓬蓬松松的一大把,经过了父亲的选剔跟修剪,插在瓶子里才还像个样儿。

我们的原稿写得非常潦草,经父亲一改,圈掉的圈掉,添上的添上,连我们自己都不容易念下去。母亲可有这一份耐性,她替我们整理,誊写,像收拾我们脱下来的衣衫一样。誊写好了,少数投到杂志社去,多数收藏起来。

最近有几位父执从杂志上看到我们的文章,怂恿我们

---

① 叶至善(1918-2006),叶圣陶长子。

说："你们兄弟三个何妨合起来出一本集子。"我们想，我们写这些文章，原为练习，合将起来，岂不成了作文本儿？我们又想，学校里同学间欢喜调看作文本儿，或者有人想看看我们的。就把存稿编排一下，请父亲复看一遍，剔去若干篇，成为这本集子。

父亲替这本集子题了个名字，叫作《花萼》。

至善 （民国）三十一年岁尽日

集 邮

叶至诚[①]

小时候时常看见哥哥把一张张的邮票贴上他那硬面的练习簿,可是我从没看过他的邮票(大概他怕我把邮票弄脏了,所以不给我看)。我不知道他藏了些什么邮票,更不知道藏邮票究竟是怎么一回事儿,但是我总觉得这至少是一件好玩的事儿。

有一天吃过了晚饭,同院的范先生讲一些关于收藏东西的事情给我听,最后他劝我也收藏一些东西,无论铜圆也好,钞票也好,邮票也好,甚至于电影院的说明书也好。铜圆收藏多了,分量太重,抗战时期居所不定,若要带走,可真为难。钞票呢,我认为这不容易收藏,也不是我能收藏得起的。于是我就决心收集邮票和说明书。可是,因为电影院票价飞涨,看电影的次数少到等于零,说明书也无从收集。所有来信的信封却从此没有一个完整的了,剪下来的邮票藏在一个个的洋火匣儿里。

洋火匣儿满了一个又一个,我的兴趣却一天一天地

---

① 叶至诚(1926—1992),叶圣陶次子。

减少了（虽然还是像以前一样把信封上所有的邮票都剪下来）。剪来剪去总是那几种，不是五分一角的，就是两角三角的，永远换不出什么新花样来。

进了巴蜀小学以后，我的已经低落下去的兴趣又被提高了。同学中间十个有五个以上是收集邮票的。在巴蜀两个月中间，我要来要去（同学们的邮票比我多，比我好，所以不能交换，只能老实向他们要），居然也有了几张外国邮票了。

此后我家搬到了乐山，租的是商务印书馆堆栈后面的屋子，我进了乐嘉小学读书。于是我的邮票运好起来了。前面堆栈里的邮包纸上有许多的帆船邮票，我剪了几张去和同学交换。这种邮票不用已经好些年了，居然有愿拿一张法国文化神像的邮票来交换一张的。看到这样的好买卖，我就设法把帆船邮票从邮包纸上大批地取下来。可是猪多肉贱，价值步跌，最后直跌到一千张换二十张。

邮票一多，欢喜邮票的心思也就强了。看到人家的好邮票就眼红。抢或偷当然要不得，只有打算和他交换，是正当办法。这个算盘可比女人打算买东西又要好又要便宜更难打。非得换到手不可，却又不愿意拿自己的好邮票和他交换。往往为了交换一张邮票而整个晚上睡不着觉（拿什么邮票和他交换，怎样使他愿意交换，都在打算之列）。

交换的时候，除了真价实货的邮票以外，还得加上外交辞令，吹牛，说好话，总之，不到手不罢休。

除了上课,所有工夫差不多都花在寻找邮票上。武大的传达室是我常去的地方。从别人的信件上,或从校工那里(大概他也是从信件上撕来的),不论好坏,总可以得到些。可是类似我的集邮者太多了,以致成捆的信件上,外国邮票差不多都被撕掉。不久,传达室门上贴出了一张禁止撕邮票的布告。一条绝好的邮票来路被封锁了。

字纸篓所在的地方也是我常去的,那里绝不会有禁止撕邮票的布告。可是在一个字纸篓旁边,常常会碰到几个同志,若非眼明手快,就将一无所得。

白天尽是找邮票,晚上尽是想邮票,想着从哪里去找邮票,想着怎样才会有更多的邮票。有时在梦里觉得有人送来了一大包邮票,或者在哪里发现了许多的邮票。可是,老天,这只是在梦里。

"八一九"那天,敌机轰炸乐山,我们全家从火窟中逃出来。在这又慌又乱的当儿,我可没有把辛苦经营了一年多的邮票忘记了。这是我非常得意的一件事儿。我的同志中,有好多是没有把邮票"救"出来的。

起初收集邮票的时候,同志很多,我的兴趣差不多偏在和同伴竞争方面。随后同伴渐渐地离开了,我的兴趣就转移到别的方面去了。

一本内容比较丰富的集邮册,就像个小小的万国博览会,每一国都把他的特殊的事物表现在邮票上。澳大利亚产有许多别地方所没有的动物,他的邮票就有用袋鼠、琴尾鸟、鸭嘴兽作图案的。瑞士被称为和平的乐土，世界的花园，他的邮票就有用国际联盟会的会所和当地的风景作图案的。希腊是文明的古国，他的邮票就有用古代的建筑物和艺术品作图案的。

这几年来，哪一国都欢喜出纪念邮票，只要有个名目，就非纪念不可，尤其是苏联。瞧吧，苏联这几年的纪念邮票真够多了：红军纪念，列宁纪念，人种调查纪念，物产调查纪念，诗人作家纪念，也说不尽许多，从这些纪念邮票上，就表现出苏联的蓬蓬勃勃气象。

航空邮票在最近也大出风头，几乎各国都有。除了普通的，给飞机配上些风景而外，有些很奇特的。泰国用神话中飞翔着的神道作图案。意大利用几个简单的向上的箭头作图案。大家这样的钩心斗角，无非要使自己的航空邮票新奇漂亮，与众不同。

记得一位先生的邮票册上写着"多少邦国兴亡，尽入集邮佳话"。这句话可真想对头了。捷克斯拉夫和南斯拉夫等是上次大战后新兴的国家，他们的邮票常用勇士断链狮子断链的图案。勇士和狮子象征他们的国家。可是，现在，他们的国家又被纳粹的铁链困住了。看了波兰派特鲁斯基的纪念邮票，马上会想到他把一生贡献在波兰的复兴运动上面，是个可敬可佩的人物。可是，他在他祖国又需要一次复兴运动的时候，死在异国了。最近香港出了一种英国占领香港一百周年的纪念邮票，在英国，这当然是得意的事。可是，正当这百年庆典的年头，香港落到日本强盗的手里去了。集邮的人想到这些，自然会发生感慨！然而就集邮的兴趣说，这些都是一段"佳话"（"佳话"兼包"兴""亡"而言，将来捷克斯拉夫和波兰如能复国，香港如能由英国还给我们，那就更是"佳话"了）。

我与游泳

叶至诚

从小就没有跟运动打过交道。拍皮球,我不会;踢毽子、跳绳,我不成;既跑不快,又跳不远,跳不高。有时候看别的小朋友一五一十地拍球,好像皮球和他们的手有一条线连着似的;看别的小朋友踢毽子、跳绳,玩了一种花样接着又玩别一种花样,我也曾经羡慕过,曾经学过。可是不成。不知道我的手拍不惯球,还是球受不惯我拍,拍了它一下,就别想再拍第二下。踢毽子和跳绳也得到同样的结果。因此,我对于运动,有狐狸对于葡萄同样的感想。当然,在那个时候,"游泳"是从没有钻进我的梦里过的。

有一次,爸爸带我上高桥去玩儿,那是黄浦江边的游泳场。为了我不会游泳,预先讲好了条件,不让我下水。到了那里,一看到许多人像鱼一样自由地在水里快乐地游着,真把我"眼热"死了。向爸爸请了好几次愿,总算让我下了水。可是我并不十分满意。别人可以在水里自由地游来游去,我呢,只能够在水刚齐到腿部的沙滩上走几遭罢了。

从那一回起,我就起意要学游泳。扭开自来水龙头,在大洋瓷洗澡盆里满满地注上水,两只手抓住了澡盆的边,一双脚在水里乒乒乓乓地打,没打上一会儿,地上已经成了"泽国"。为了这个,妈妈"刮"过我好多回"胡子"。我可没有给"刮"得灰了心,乘着妈妈不在家的时候,独个儿偷偷地学。

一个会游泳的教我说:"两只手交叉抱住双肩,把身子挺得笔直,像这样躺在水里,就自然而然会浮在水面上。身子稍为一侧,还能在水面上一个又一个地打转。把这个学好了,将来学游泳就很容易浮起来。打转打得多,可以练成长久的憋气。"我听了他的话,自己在澡盆里学着,直到一口气能打七八个转。

后来我家搬到一个物质条件比较差一点的地方,我就离开了有自来水的大洋瓷洗澡盆。那里又没有不深不浅而且稍为干净一点儿的河沟。于是,我学会游泳的希望成了泡影。这样过了几年,连在大洋瓷洗澡盆里学会的一口气打七八个转的技能都忘却了。再后来我家又搬到了一个有很多小河沟的地方,河沟里还常有许多人在游泳,可是因为连以前学会的一点儿也忘却了,我总没有敢下水去。有时候实在羡慕不过,也把鞋袜脱下来,然而只是洗了一双脚而已。

同学中间有好多是早就会游泳的,渐渐又不断地加上了新的成功者。不会游泳的只剩五六个了。课余闲谈的时候，只要谈到天气，那许多会游泳的必定谈到游泳上去。有的讨论跳水的姿势，有的夸耀自己的技能，有的赞扬游泳的好处和乐趣，有的很关心地询问他的同伴最近有没有进步。把我们几个不会游泳的弄得目瞪口呆，没有一点儿插嘴的余地。在懊恼之余，我下了第二次决心。不会游泳的中间也有人和我有同样的志向。

和"有志者"随着"成功者"到了一条小河边。用脚把水的冷度试了几次方敢下去。冰冷的河水刚齐到胸部，肺就像给什么东西压住了，感到老大的不自在，隔了好久才习惯了。在洗澡盆里学游泳的时候，最初也有过这样的感觉，不过自来水远没有河水这样冷。

没有人肯做教师，自己盲目地学着。把手撑住河底或是抓着一件稳定的东西，两条腿拼命地拍打，一边憋住了气把脑袋浸入水里。因为拍打得太使劲了，当天晚上，两条腿酸痛得厉害，脑袋也因为在水里浸得太久的缘故，发起胀来。真够可怜的。可是，哪一个没有教师的初学游泳的人不这样呢？

这样拍呀打呀，居然有这么一天，这么一个时候，我的手可以离开河底，也不抓着什么东西，漂漂地浮起来了。虽然浮起没多久又恢复了老样子，我可欢喜得差点儿要跳起来。那一天一碰到熟识的同志，我就带着骄傲的神情告诉他："喂！我能够不抓住东西浮起来了。"

一个已经学会了游泳的同志带了一块板子到河里来玩儿。他让我抱着板子游到对岸去。我几次三番把板子抱在手里又放了下来。终于鼓足了勇气，放大了胆子，把板子一抱，使劲地往前一冲。哈，竟给我冲了过去（虽然河面并没有多宽）。从此胆子大了，抱着木板，可以从从容容地由两条腿的拍打游过对岸去。渐渐，板子也不要了，手脚一阵乱拍，也就到了对岸。

　　浮得起来了，又可以"拍"着前进了，可是"拍"总不成个样子，我就开始学最容易学会的"狗爬式"。并没有花多少时间就学会了。这个式子相当难看，游起来又费力，然而我很喜欢这种游法。两只手在水里一划，两条腿在水面一蹬，胸前就鼓起一个浪头，一路游去，一个又一个浪头向前涌着，使我想起海洋里起风浪的情景。如果水面有一张树叶的话，我就把它当作放洋船，使劲地鼓起浪头使它沉入水里。在将要靠岸的时候鼓浪头的话，水就像受惊一样地向岸上打去，接着又像受到了迎头痛击一般地退回来，这多么有趣。当然，我不会游别的式子也是喜欢这种游法的原因。

　　同志们的恶作剧，对于我的进步给了不少帮助。为了避免让他们把水打进眼睛和鼻子里去，我不得不尽量加快我游泳的速度（我是不会打水的）。他们一次又一次地把我往水里压，吃水当然不愿意，只有憋住气直到他们松手的时候（他们也并不想让我吃水，一会儿也就松手了）。有时候他们惊诧我进步得快,可不知道这全是他们的功劳。

　　才学会游泳的一个多月里,我简直想一天到晚"泡"在水里。早上第一堂课如果先生请假的话,随你天气多么凉快,我都会下水去。下雨天也去。好在有不少和我差不多同时学会游泳的同志做伴儿。在这个时候,头一回下河水齐到胸部时感到的气闷和不自在,给一种凉入心脾、舒服得说不出来的感觉代替了。

　　游到说得上马虎可以的时候,小河对于我们这一批人显得太狭窄了。我们作了"战略转移",把阵地选择在一个小堰口那里。那里像盆地一样,中央很深,渐渐地向四周浅起来,非常宽敞,尤其对我们这批刚从小河转来的人显得宽敞;除了游上几把或者作弄别人一下之外,还可以玩各种游戏。抱块大石头沉到河底去,在河底里一步一步地走,很轻松地提起脚来,却费力地踩下去,和陆上倒个个儿,怪好玩的。一个先钻进水里,第二个赶快跟下去,在水里睁开眼睛,找着那模糊的人影,然后追去。可是很少有人被追着的。多半第二个还在乱找乱扑的时候,先一个已经从水里钻出来了。

　　独个儿游泳又别有趣味。让身子仰躺在水面上,顺着流水慢慢地往下淌去,一点儿也不用着力。时时有五六成群的不知名的小虫,在我眼睛旁边逆着水流往上冲。它们那些细小的脚点着水面,水面就一闪一闪地发光,一圈比一圈大的水波从它们的脚下扩散开来,到我眼旁一圈一圈地消失，我的脸上仿佛受到那水波轻轻地激动。一会儿，只见"唰"的一道亮光，一只水蟑螂在我眼旁蹿过去了。菖蒲和野茭白的叶子密密地竖在河两旁，把岸上的一切全遮住了，那景象宛如在热带的丛莽里。沿河的桤木树显得更高了。两排桤木树中间露出一条蓝得奇怪的天空，在陆上从没有看见过这样鲜明的深蓝色的天空。几朵淡淡的白云，有了蓝天作背景，像新娘子的披纱一样，显得更轻飘了。大部分的阳光都给树叶遮住，然而从树叶的缝隙间洒下来一道道细碎的光。我的眼睛偶尔触着，便不由自主地闭了起来。

鼓一鼓劲，胳膊上小腿上有了一块块不大不小的凸出的肌肉，人长高了，病少生了。别人总说我在发身了，那自然不错；可是我自己说起来，以为这全是游泳的功劳。

坐鸡公车

叶至美[1]

你坐过鸡公车吗?要是你坐了鸡公车,在乡下的泥路上咿咿呀呀地经过,一定会觉得那味道满好的。车身那么低,一个轮子在泥路上滚过,轻轻地颠簸着,使坐车的人感着舒适。最使我高兴的是坐在鸡公车上,前面没有一点障碍,可以随意地眺望;乡间的路上那么清静,又可以自由地思索些什么。要是你坐惯了鸡公车,你会说坐鸡公车并不寂寞。当你不想看什么,又不愿想什么的时候,车夫的一些发问和谈话,可以作为途中很好的消遣。他会问得幼稚可笑,但是,有的也会讲些国家大事、世界局势。他一面喘气,一面说话,使我替他感觉吃力。但是,从他的欢喜多说,可以料知这该会消解他的疲劳。这样想的时候,我便安心了。

依我的经验,鸡公车夫爱问的到底少,能谈"国家大事"的更少,多数还是谈自己的身世。一个年过四十身体还算壮健的车夫,叹着气对我说:"我那大儿子在浙江

---

[1] 叶至美(1922—2012),叶圣陶之女。

打国仗。第二个儿子早就推车子挣钱了,却在前一个月病死了。要是他不死,我预备过了年改做别的生意,不再推车子了。他死了,积着的几十块钱用光了,只好照旧推车子,不知道推到哪一天才歇呢!"一个头发花白的老人,平静地告诉我说:"我今年六十六岁了,几个孩子老早死了。推车的日子真不好过,可是没有办法呀!"有一次,我坐在车上觉得无聊,随便问了车夫一声:"你有孩子吧?"他说:"孩子都还小,两个男的在小学校里读书,一个女的才两岁。推车子很苦,让孩子读点书,识几个字,巴望将来做点别的生意,要是能像先生那样就好了。"我觉得这个车夫比较可慰,因为他有孩子,他有希望。我希望他的生活不太困苦,便又问道:"挣的钱够用吧?"他告诉我,一天卖力气的钱买米是不够全家吃的,只好买些锅巴来煮稀饭吃。他最后说:"过几天才吃一顿白米饭,就觉得味道格外好,好像从没有吃过似的。"我惊住了,不愿再说什么。我的缄默无言,也许使车夫觉得没趣。他可能以为他的真实的叙述,是"先生"所不爱听的。我呢?我想到这样一群贫苦的人:从小就靠劳苦的工作来养活自己,从困顿中渐渐长大,幸而成家了,许多孩子出世了,却又让他们一个个地死去。没有死而留存在人间的孩子,照抄前一代的老文章:仍然是劳苦的工作,照例的人生,生与死的挣扎,毫无希望的努力。我不懂他们对这样的人生有些什么期望,我想问问他们:"你们这样吃苦,心里有什么感觉?"然而我不敢问,我怕这一问会引起他们的伤感和牢骚,因而说一些更愁苦的话给我听,使我受不了。同时我怕引起他们的思索,使他们从而怨恨人生。要是他们不满意自己的生活,那么他们将受到双重痛苦的煎熬。我何忍使他们这样!

如果你听了车夫们自述身世,你会有怎样的感觉呢?你也和我一样会产生莫名的悲哀吗?要是并不,我真为你高兴。同情心原是多余的,除了使自己痛苦之外,对别人又有什么益处!

渐渐地,我怕坐鸡公车了。偶尔坐的时候,也故意装得心有所属,不让车夫找到机会和我谈话。我情愿让车夫认为我是个不和善的主顾。你想,我何必听一些不幸的故事,使自己的心好久好久浸入忧郁之中呢?

当我坐在车上想享受一点清闲和自由的时候,身后的车夫的喘息声按着疲乏的拍子,越来越急促,于是,我立刻想到了他的不幸。在我身后的也许是个年过半百,白发苍苍的老者,自己的子女们都已死去,却挣扎着老筋骨,来推和他子女年纪相仿的年轻人。我想到这个,恨不得立刻站起来。——这样我简直不敢坐鸡公车了。

你在笑我的神经过敏吧?我希望你神经镇定,对一切都无动于衷。车夫们希望于你的,原是多给他们一些车钱,而不是给他们更多的同情。

病中情味

叶至善

当医生断定我害的病是伤寒的时候,我长长地呼了一口气,身体似乎轻松了许多,头昏和肚子痛的感觉忽然模糊了,心里也不像来的时候那么焦急。一年以前我曾经害过一次猩红热,一听到医生的诊断,我就害怕得哭了起来;但是这一回我却清晰地想:"可敬的吉姐姐是害伤寒死的,最疼爱我的外祖姑母是害伤寒死的,还有可爱的小表妹阿元也是害伤寒死的,还有……"由归纳到演绎,结论是这一回我非死不可了,然而我毫不害怕,我只长长地呼了一口气。

医生向伴我来看病的父亲说,医治伤寒没有什么特效药,只有好好地调护,让身体的本力和病去拼;要是三星期后没有重大的变化,那就不打紧了。接着又说了很多调护的方法。医生的声调虽很响亮,我却没有十分听真切,只听得断断续续的"多喝开水……躺着不要动……"。我勉强抬起头来,无力地看着那医生。医生是个近五十岁的矮胖子,面团团的,两颊透着康健的红色,在他那光秃的脑袋上,反映着两扇发亮的窗格,更显得有光彩。

我又慢慢地回过头去看那两扇窗格。窗外矗立着对街的房子,初秋的阳光照着粉白的墙壁,几乎使我睁不开眼睛。从两幢房子的空隙里现出对江的山,青葱的颜色像在发光,这逗引我看了好一会。

医生说完之后,父亲皱着眉头下楼去雇洋车,又上楼来把我扶下楼,扶上洋车。从医生那里回家,须经过小梁子和都邮街,都是重庆最热闹的街道。我斜躺在洋车上,头无力地向后仰着,眼睛干涩得像要入睡似的,忽然想:"这一次也许是最后一次的逛街了。"我立刻使劲地竖起头来,硬把眼睛睁开。街上的行人车辆和往日一样的拥挤,两旁店铺的陈设也没有什么改变,然而在我看来,都非常有趣味,好像在重温旧梦;又像我的身子已经跳出了这个世界,并无留恋地回过头来,把这个世界上的景物重新浏览一番。这种新奇的心理把一切都给染上了新奇的色彩;连皮肤让太阳晒得微微发痛的感觉,也觉得新鲜而舒服。

到家的时候,一家人都在门口等着了,听到父亲的述说,当然惊惶失措。但是我并没有注意各人的脸色。我只笑了一笑,就躺上床去,阖上了眼睛,我实在太疲倦了。

几星期之前,我在杂志《西风》上看到过一篇关于死的文章,题目是《视死如归》。篇中列举许多有趣的事实,说明死并不像一般人想象的那么可怕,反而是非常舒服的。并且说,人死的时候的感觉正像跑完了万米竞赛,摊开四肢，躺在软绵绵的草地上休息一样。我虽没有跑过万米，这种感觉却能体会。有一次我要游过一个比较宽阔的江面，刚游到江心，忽然觉得四肢无力了，其时只要一不用力，江水会立刻把我冲下急滩去。我心里非常清楚，自己对自己说："这回大概是完了，可是我得镇静些，否则被水冲下去得一定更快，我还得作最后的挣扎。"我沉住了气，用尽了平生之力，手脚依旧照着规律划动；眼睛直望着对岸，可是对岸的沙滩总是那么远。最后我真是一点气力也没有了，也就长长地呼了一口气，由身体沉下去。天幸我的脚触着江底的沙滩了。我立刻站住，无力地行了几次呼吸，让我的跳得又重又快的心房稍稍回复过来，才拖了沉重的脚步走近对岸，摊开四肢，阖上眼睛，仰天躺在沙滩上。太阳热烘烘地晒得我周身瘫软，风软软地吹得我所有的关节都松弛了。其时我全不想到方才的危险情景，只觉得映在眼皮上的太阳光鲜艳到无可比拟。要是死真是那样舒服的一回事，那么我就静静地等着吧。

但是我一张开眼睛，就看到一家人忙乱地为我请医生，配药，测体温，弄汤水；他们都愁苦地望着我，又轻轻地相互耳语。我才知道，人所以怕死，只为一死之后就与熟悉得可爱的一切永别了，尤其是常在一起的家属、亲戚和朋友。这在我倒也没有什么，我一向相信人一死就失去了知觉，再不会思想；到另一个陌生的世界去受离别和孤独的苦楚，那是没有的事。但是我若死了，一家人将会怎样地忍受不住,怎样地围着我痛哭;亲戚朋友们得到了我的死讯,将会怎样地惋惜,怎样地叹息。于是我耳际仿佛听到了每个人不同的哭泣和叹息的声音;眼前也仿佛浮出一个个哀伤愁惨的脸,像无数的"特写镜头"模糊地复映着,使我头昏脑涨。

这也是没有办法的事,我的死既已注定,一家人的痛哭和亲戚朋友们的叹息自然免不了。可是耳际的声音和眼前的影像无论如何也驱不开。于是我嚷着:"大家说说话呀,谈谈家常也好,讲个故事也好。要是你们全不作声,我心里不免要想些什么,就静不下来。心不静,病就会更凶,医生不是这么说的吗?"可怜一家人都为了我忙得不可开交,哪里还有心绪聊天儿呢。大家既不说话,我就发现了许多消磨时间的好方法。早晨,太阳照在我床旁的墙壁上,我玩赏那鲜红的颜色;渐渐地移到我的床上,光就白而且亮;渐渐地射着窗前的书桌子,又爬上床对面的墙壁,光就成为炫目的金黄色,继之又渐渐地暗淡。我又看一群群的苍蝇忽而聚在一起,忽而又飞散了;在停歇的当儿,它们搓着前脚,又用后脚刷它们的翅膀,颇自得其乐的。我又看桌子上的时钟,注视两个针儿缓缓地移动,揣测它们所构成的角度。

第一个星期中,我身体最不舒服,肚子痛几乎延长到四五天,接着又是一天的腹泻不止。我知道如此病象的伤寒叫作"漏底伤寒",那是最危险的,然而死总是那么一回事罢了。我又回忆起几位笃信佛教的父执们所常说的处理死的态度。他们说,一个人临终时,在旁侍奉的人切不可举哀,这样,死者才得安然死去。可是我想,死者的安然不安然也只是暂时的事,要紧的该是活着的人。因此我决定,要是临死的时候非常痛苦,我一定努力忍住,不让痛苦表现在脸色上。

进入第二个星期,肚子不痛了,泻也止了。我整天躺着,眼睛虽愈觉无力,总是使劲地睁开,向四周无目的地望着。我不大说话,也不很想听别人的话。我似乎习惯了这个病。

我的热从没有退净过,在体温表上的记录曲线,每一星期总有一个高峰。正当第三个高峰的一天傍晚,我的眼睛随着墙壁上渐渐暗淡的阳光闭拢,觉得周身没有力气,每个关节似乎松散了。我把手脚挺直,觉得微微地发酸,可是非常舒服。我就这么睡着了,睡得比前两个星期的任何一夜都来得熟。好像隔不多久,听见母亲在喊我:

"小墨,小墨,醒醒,醒醒!"

我没有理会,只觉得周身瘫痪,汗出得很多,非常畅快。母亲的喊声模糊了一会,又听到了:

"小墨,醒醒!"

"喊什么!我要睡。"我很不高兴地说,随即睁开眼睛,看见一家人全围在我的床边。我还没有来得及看清每一个人的脸色,眼睛又闭上了,嘴里还埋怨着:

"你们不看见我额上这么多的汗吗？还不替我抹一抹！"

随即有一件热而软的东西在我额上移动，这使我更容易睡熟了。

我不知道睡了多久，只记得那夜里又曾醒过一次。那时睁开眼睛来，只见一家人模糊的影子在淡黄色的灯光中打转，医生似乎也在其中。他们忙些什么呢？我想问，可是又睡着了。

第二天很早就醒了，精神比前两天好得多，只见祖母用热手巾在抹我的脚。我问：

"祖母，你做什么？"

"啊，你醒了！"祖母很高兴地说，"我给你暖一暖脚。你为什么把腿挺得这样直？"

"挺直了舒服些。"

"快不要这样，把人吓坏了。"

我用力把腿屈起，问："他们哪里去了呀？"

"他们忙了一夜，刚去睡呢。"

原来那晚上我挺直了四肢昏昏地睡，额上的汗珠一颗颗地渗出来，这正是伤寒病者将死的现象。一家人非常害怕，所以要把我喊醒。谁知后来喊也喊不醒了，脉搏微弱到几乎不能分辨，呼吸很迟缓，手足也慢慢地冷起来。于是赶忙去请医生。直到医生到来的时候，脉搏才渐渐恢复。但是一家人还是伴我到天明，认为一时不会有什么意外了，才去稍稍横一下。

那天之后，我的热度就一天低似一天。我知道病是无妨的了。奇异的温和的性情立刻变得非常急躁。对于三个星期的病中生活，突然感到厌恶。天天吃的奶粉和藕粉，我坚决地不要吃了，我嚷着要喝菠菜汤、牛肉汤。体温尚未完全复原，我可再不愿意把那支讨厌的温度计含进嘴里。为了一件稍不如意的小事，我往往会乱吵乱嚷地发脾气。

随后我的思想几乎让食欲独占了，无意中在枕边找到了一张糖食店的仿单，上面开列着各种糕饼的名目，我逐个逐个地念着，像念英文生字；又逐件逐件地想象糕饼的形式，嘴里就仿佛尝到了滋味。有时我又拟订一顿一顿的食谱。"哪一天我才得称心如意地吃东西了呢？"我时常这样问。

三个多星期整天地躺着，使我周身酸痛，我渴望早些下床，就开始练习坐起。起先我的腰部还没有力量支持上半个身子，只能斜靠在枕头上；颈子也竖不直，头无力地倒在一边；眼前是一团昏黑。渐渐地能够多坐一会了，头也能够竖直了。我就挨到床的那一头去睡。那一头正对着窗，我欢喜看窗前的树和对窗的山，我欢喜看那满窗"希望的绿色"的光辉。

我给病消磨得不成样子了，胸膛只有一层皮包着肋骨，四肢的肌肉完全消失了，关节的部分都显得突出，像一个个的球，我时常因惋惜我的瘦弱的身体而叹息。我希望好好地休养，过一些悠闲的日子，让身体快些恢复过来。

　　到我能够蹒跚地行走的时候，我就贪到屋外去散步，贪晒太阳，贪看阳光下的一切。我似乎是个在外面流浪了很久的旅客，一旦回到故乡，一切向来熟悉的事物更觉得可爱与亲切了。我怎么舍得离开这个世界呢？至今我还怀疑我病中那奇特的心理。

微 雨

叶至善

五年前，也是这么一个细雨蒙蒙的晚上，我和文思两个一同在天通庵车站上等火车回学校去。我们两个都披着斗篷式的大雨衣，制帽低低地盖到眉毛边；两个人又都是这么高高的，看来很像保安队队员。

天通庵车站的待车室本就是顶小的，不知怎么的那天又挤了这么多人，一股恶劣的香烟味使人更觉得难受。要不是天下雨，谁愿意挤在里头呢？好在我和文思都穿着雨衣，我们就并肩地站在待车室门外的马路上，好像两个守卫的兵。

要是你到过虹口公园的话，你看到了那所高高的日本海军陆战队司令部，准会感到不舒服。而天通庵车站正对着那所司令部的后门。不过我们是见惯了的；每天看他们一队队地在那附近一带演习巷战，或是把他们的坦克车开到街上乱闯；我们看到了就瞪起眼睛盯他们几眼。别说我们这举动没意思，我们实在要他们知道我们心里的愤怒。

可是那时候已经不是他们操演的时候了，雨蒙蒙地使得路上格外静寂。天色很暗,只有路灯的四周围着一圈给雨点反射出来的黄光。路上没有人,只有那个司令部后门旁站着两个日本兵,他们都肩着枪,枪上的刺刀闪闪地在发亮。

我和文思两个和平常一样,睁大了眼睛对着那两个日本兵。他们却也在注视我们,大概因为我们这样的衣着,疑惑我们对他们的司令部在探望什么。

我们因了他们的注视,腿挺直了,胸挺起了,嘴闭紧了,眼睛死盯着他们。我们和他们这么互相注视了许久。那两个日本兵交头接耳地不知说了些什么,中间的一个右手挟起了枪,直向我们走来。

有人说,日本兵走路的样子像只猩猩,一点也不差。那个日本兵脚步很迟缓地向我们走来,身子两边晃,左手直僵僵地放在腿前面,真像只猩猩。他一步步走近,我渐渐地看清了他的面貌:两片厚嘴唇,一撇小胡子,一个大鼻子,一双小眼睛,就像漫画里画的日本兵那样。他在我们前面叉开了两条腿站住了,刺刀正对着我们两个中间,他左手直指着车站,大声地叫了声什么,意思大概是叫我们进车站去。

"什么?"文思也大声地吼着。刺刀立刻转向他的胸口,刀尖已经碰着了他雨衣上的纽扣。文思更挺出了胸膛,牙齿咬紧了嘴唇,两眼怒睁睁地死盯着那日本兵。

三个人就这么站着,动也不动地像三棵直立的树。这样地相持了将近五分钟,刺刀到底不曾刺进文思的胸脯。那个日本兵却提了枪一步步踱回去了,又对另外一个交头接耳地不知说了些什么。我们以为他还要来,仍旧站着不动;直到火车进了站。

在火车上我微笑地向文思说:"我们胜利了!"文思并不回答我,他仍旧咬紧了嘴唇,眼睛直瞪着车窗外那个司令部的魔鬼似的阴影。

学校放暑假后,我们两个各自回到自己的故乡去了。不久,上海战争就爆发了。文思有封信给我:

> ……在这儿没有找到工作做,因为大多的工作都没有什么切实的效果。待在家里也不是件事,明天我就到湖州去,听说东吴在那里开课。在这个时候像我们这班青年不为国家做些事,而再去念书,真感到有些不好意思。想到那天晚上天通庵车站上的事,我恨不得立刻就带支"小口径",上前线去干……

湖州失守后,我就没有得到过文思的信息。据说湖州失守的时候,有一部分东吴的学生组织了游击队。也许在这个细雨蒙蒙的夜里,文思正站在茫茫的田野里,挺起了胸,睁大了眼,咬紧了嘴唇,和那天晚上一样,还挟着一支装着明晃晃刺刀的枪。

乐山遇炸记

叶至诚

那一天,天气好极了,天上一丝云也没有。太阳毫不吝啬地照着,青色的天空让太阳照得红殷殷的。地面给晒得像个烘饼的铁盘。不到十点钟,人们大都已经赤着上身,狗张大了嘴,拖长了舌头,直喘气。

大约十一点钟光景,看门的老刘进来说,发了空袭警报。我赶忙出门去看。街上经过了一阵骚动,立刻平静下来。街道两旁的店门都关上了,有点儿像大年初一。人行道上三三两两站着或是坐着闲散的人。有的指手画脚在跟别人谈天,有的拼命地摇着扇子,有的衔着旱烟管,一口一口不慌不忙地抽着。对于人们来说,空袭警报只是像一块小小的石子投进池塘里,不过引起了几圈微微的波纹。

家里很为在成都的爸爸担心。然而想起他的胆量并不很大,多半会躲避的,也就跟往常一样吃午饭了。

饭刚吃了一半,来了一架飞机,在小城的上空转了几个圈子。听声音,好像是侦察机。祖母胆小,停了筷子聚精会神地听着。

"不会炸的,多半是上成都。"

"他们又不是傻瓜,到这儿来,是炸大佛,还是炸'蛮洞'?"

"别担心!包你再过三分钟就解除。"

我们带说带开玩笑地安慰着祖母,可是她总是不举起筷子来。

和紧急警报同时,传来了隆隆的飞机声。根据经验,知道是轰炸机,而且架数还不少。我们立刻向客堂前面堆书的地方冲去。大家认为如果遇到轰炸,那儿好像安全一些。

我刚跨出客堂的门槛,忽然"轰隆"一声,并不很响,接着头上身上接二连三地中了好些碎瓦片,眼前一阵昏黑,我本能地扑倒在地上,身子紧靠着书篓。心里有些疑惑,我是不是在做梦。这样的景象,只在梦里跟电影里才有。

直到地面铺上了厚厚一层黑灰的时候,眼前又重新明亮起来。飞机仍旧在头顶上打转,卜卜卜地放着机枪。我急切地希望不要再来第二下"轰隆"。

除去脸上蒙了一层尘土,大家都还是原样儿。前面书店堆栈里的王先生刘先生和看门的老刘,不知道什么时候也来到这里,伏在书篓子的旁边。客堂里的椅子曾经在空中飞舞了一回,落下来,离开了它们原先的"岗位",七歪八斜,疲惫不堪地躺着。灰尘占领了整个屋子,各到各处,哪一个角落里都是。屋顶上开了脚盆那么大一个天窗,射进来红红的阳光。我想:"这么好的太阳,今晚上准不会下雨。不然,屋子经这一震,漏雨肯定要比平时厉害几倍,那就糟了!"

"大官!大官!"妈妈、嫂嫂和祖母焦急地喊着哥哥的小名。我突然记起,哥哥在"轰隆"一声之前,跑到楼顶的阳台上去看飞机了(这所屋子的第二进是二层楼房),心里不由得着急起来:"该不会有危险吧?敌机刚才不是扫射了一阵吗?"这时候,扶梯上"骨碌碌"响起了连滚带跑的脚步声。妈妈停止了焦急的呼唤。我透了一口气:"好,到底没有遇到危险!"

"火!"这一声是妈妈喊的,她无意之中触着一块十分烫手的碎瓦片,觉察到了隐藏的险情。大家立刻转动眼珠,四处搜索。只见火从直通楼顶的茅房里向外蹿,在茅房门口一撩一撩,就跟蛇舌头一样。王先生像被什么咬了一口似的,从地上直跳起来,向前门冲去。我同时跳起来,奔进房间,把集邮簿抱在手里,我想起了向同学夸口过的"邮存与存,邮亡与亡"这句话来。

发疯似的奔到前面去的王先生,又发疯似的奔了回来。脸色惨白,眼泪挂在眼角上。"赶快打开后门!前面火封了路了!"他声嘶力竭地喊着。

爸爸用的书桌抵住了后门。我想过去和哥哥把书桌抬开,王先生他们却先动手了,只看见桌面从书房里飞了出来,桌上的书本纸砚散了一地。我呆了一下,立刻明白过来，我们是在逃生，并不是搬家。

后门是朝里开的，正巧被铺上不多久的地板挡住，开不开来。斧头、菜刀全都拿来了，掘地板、劈门板全都试过了，毫无结果。大家埋怨起来，可是在铺地板的时候，谁知道会有这么一天呢。王先生又往前门去了一趟，非但没有带回一线希望，反而看到屋子最前头的一进已经烧着了。他关上了第二进的门，到后门口团团打转。素来倔强的姐姐打头出声哭起来，全屋子十五六个人，多一半也哭出声了。"死"大概是肯定的了。然而哪一个甘愿这样死呢。大家绝望地对着纹丝不动的后门。

其实，这时候并不是只有束手待毙的份儿了。只要把门扇往上抬，使门枢脱出门臼，门还是可以松动的。可是在慌乱里，谁也没有想到。唯独哥哥还能冷静下来，终于想起了这个极其简便的办法。他一说，几条汉子立刻动手，个个使尽了力气，一下子居然把很重的门扇抬离了门臼。只是有地板挡着，不能够敞然大开，仅仅往旁边移动了一点，使紧闭的后门隙出一道狭窄的缝，刚刚够一个人进出。王先生首先钻了出去。

妈妈她们都带上一点东西然后钻出门缝，小提箱、小藤篮、被褥、衣衫，凡是眼睛里关着而手里又拿得了的，就随手带了走。我呢，只抱了本邮票簿，别的什么也没有拿。

后门外是城墙，城墙脚下有几间低矮的草屋已经给火星点着，熊熊的火焰在屋顶上跳跃，只因为草屋是单零不成行的，火势并没有蔓延开去。沿城墙走去，一路不见人影，只见散落在地面上的各种零星杂物，一只袜子，一个壶盖，布褂，汗衫……大概有好些人刚从这里逃过。

城门洞里聚集了不少人，木然靠着或者提着辛苦抢救出来的一点家当。一个满面通红的胖子向众人大声叫喊："我们去救火呀！救火要紧！我们的命已经逃出来了，还不该出点力去救火？再不救，乐山要烧光了！"然而没有反应。火势渐渐向城门洞口逼近。

走出安澜门。平时散步、看江景、捡花石子、捉桃花鱼的江边，换了一幅景象，一丛丛避难的人群，男男女女，老老小小，有的惊惶，有的木然，有的还挂了彩。一堆大鹅卵石上坐着一个人，赤着上身，一双脚浸在水潭里，他的皮肤多半让火烫掉了，身上东一大块西一大块，露出淡红的水渣渣的肉。他一动不动，一声不哼，直挺挺地坐在那里，也许已经失去了知觉。

风中断断续续传来低低的飞机声。江边立刻骚乱起来，人丛有的向西，有的往东，各自寻找自以为安全的方法保护自己。我们靠城墙坐着，把小提箱、小藤篮放在前面，以为这或者可以用来挡一下机枪子弹。我们旁边的一位老太跪了下来，嘴里颤颤地念着阿弥陀佛。幸好飞机没有再来，要不然，江边这许多人又要经受一次劫难。

哥哥主张渡江到对岸去。渡船全都停在对岸，只有一条小船在江心里划着，可是划船的因为这边要渡江的人太多，只怕翻了他的船，不肯划过来。说了半天好话，许给他相当大的代价，他才划了过来，但仍旧不肯靠岸。我们涉水上船，不能涉水的，由老刘和哥哥背上船去。

一屋子人就这样一个也不少地逃出了火窟，到了安全地带。除去来我家躲警报的一位武大女学生，在帮我祖母出门缝的时候，右臂给对面草屋的火烫伤了一块以外，还有王先生在"轰隆"一声的时候伏在地上颤抖，把膝盖上的皮擦去了一层。其他人没有受一点伤，流一滴血。

我们放心地坐在山脚下的石头上隔岸观火。出现了一种十分奇特的心理：既不为失去了家园感到悲伤，也不为得到了生路感到欣喜，仿佛像旁观者似的在看一场可以和尼禄王时代罗马大火相比拟的大火。不知道什么道理，起了火就会刮风，对岸的火让风一吹，火势更旺了，火头冲得更高了。火堆里传出一阵阵噼噼啪啪的爆炸声，多半是烧着了火药库。酒精和铜器一经烧着，红色的火光里就冒出一股青绿色的火焰。红绿相映，色彩斑斓。浓浓的黑烟汇聚成一股，直冒上半天空里，中午时光辉炫目的太阳，顿时像披上了黑纱的新寡，脸色变得跟月亮一样惨白，一点光芒都不见了。

我们沿江边朝嘉乐门的方向走去，打算暂时寄居在贺昌群先生的家里。沿途的路边都有受伤的人，有的伤了臂，有的伤了腿，有的头还在淌血，这些大多是遭受了敌机机枪的扫射。不过，还没有看见受重伤的，大概受重伤的已经送到至此尚存的医院去了。

忽然有人在唤我的名字,听声音是苟洪元同学。果然在一棵大树底下找到了。他头上盖了一张慈姑叶,双手抱着膝盖,呆呆地坐在那里,脸色十分难看。他告诉我,一枚烧夷弹投中了他们家,他眼看他的爸爸倒下地去,衣服、胡子随即烧了起来。他的妈妈和妹躲在地窖子里,多半也完了。他自己的头给碎瓦片打破了,却不知怎么的竟跑了出来。他仿佛背书似的把这番经历说了一遍,既没有哭,也没有咒骂,只是呆呆地望着我,望着我们一家。随后他跟着我们一起往前走去,走了一程,遇见了一位老人——他的亲戚,他把跟我说过的话对老人重复了一遍,语调和表情仍旧像刚才一样。老人顿足痛哭,领着苟洪元走了。我心里只觉得有一种说不出来的滋味。

那一天就好像一场电影,其中充满了紧张、残酷和悲惨的特写镜头。

第二天,爸爸从成都赶回来,经朋友的指点,在贺昌群先生家里看到了我们,他焦急了两个半天,总算得到了宽慰,在他当天的日记上,记下了这样的话:"见三官(我)墨林(我母亲)皆在山上高呼,此景如在梦寐……诸人此次得生,亦是机缘巧合。若小墨(我哥哥)不在家,无领导之人,必不得出。若后门无地板障碍,大家必得早出,得出必趋江滩,而江滩边被机枪扫射,死伤者不少,将亦将同在劫中……得以脱于火灾与机枪之危,实为万幸。……昨日之轰炸,下弹时间不过一分钟,而热闹市区全毁,死伤之数殆至数千。有人曾于街头见四个焦枯之尸体相抱。……"

夜 袭

叶至诚

"不会来吧。可是谁又咬得准。八月十九那一天,又有哪一个料到会来炸这一点儿大的乐山城,飞机还来了这么多?不过此刻是晚上,乌云把月亮遮住了,隔江的东西就模模糊糊看不清楚,看样子要下一场大雨。在这时候飞行,难道就不怕危险?然而发了紧急警报,往洞子里躲一躲总该妥当些。不是胆子小,真给炸死了,可不是玩的,况且又是'无谓牺牲',划得来吗?爸爸他们不肯进洞子,也只好随他们,反正距离不远,听到第一声炸弹响,赶进洞也还来得及。"

"来迟了!牢靠一点的地方全让别人占去了。家伙,真缺德!这些个自私自利的,光知道挑牢靠的地方坐。瞧我这里,没有柱子撑着,洞顶又挺薄的——刚搬来的那天,我爬上去看过,最薄的就在这儿。危险,要是让炸弹一震,这儿准保打头闹塌方……"

"紧急警报拉了有半个钟头了,怎么还不解除?从发注意情报的时候算起,已经不止两个钟头,按理该解除了。他们飞回去也得花好些时间呢！该不会第二批第三批接着来吧。……洞子里太潮湿了。这一下，是第五滴水滴在头上了。鞋子袜子全都湿滋滋，一双脚伸在里头怪不舒服。这简直是受罪！人挤了这么多，洞子里本来就够闷了，又不知道哪个家伙点了一支土蚊烟香，那股子大蒜气味真教人要吐。进防空洞不比在自己家里，偏又舍不得点一盘三星蚊香。……鬼子真他妈鬼！前线吃了败仗，到咱们后方来出气。天天夜里来警报，教大家不得安睡，在洞子里活受罪！"

"那边在开辩论会了。一个个拉直了喉咙嚷嚷。这时候如果有飞机到来，他们也听不见的。有人说，在飞机上用了听音机，可以听到地面人们的呼吸声，像他们这样可不是糟了！躲在这儿靠不住。哟，第八滴了。好，出去吧。"

"下雨了。路上有好多人在往回走。今夜不会来了。九，十，十一，白白地牺牲了三个钟头睡眠。"

"三官，三官！"妈妈拼命地唤我。

"怎么，又得起来了？这怎么成，要把人累死吗！""隆！隆！隆！"轰炸机的声音到了头顶上。"好，这一回死定了！再不会跟八月十九那天一样容易逃脱了！我本来就不该睡下的。干吗不早些唤醒我？现在不行了！"妈妈把门拉开，我一骨碌就跳下了床，没命地往防空洞跑，身上只穿了一套衬衣裤，冷得直抖。

才跑到防空洞口，飞机飞远了。"又破费半小时的睡眠。刚才为什么这样慌张呢？不然，不是还好好地睡在床上吗？妈妈真不该唤醒我。"（"阿——嚏！"）"伤风了。脑壳有点痛，鼻子有点塞，明儿准发烧。"

化为劫灰的字画

叶至善

我家住在乐山的时候,曾经遇到一次轰炸,全家人从火窟中逃出来,除了随身衣服之外,几乎一点东西都没有带走。这倒并不是当时连顺手抓一点东西都来不及,实在因为在那熊熊的火光中,觉得能够逃生已算天幸,身外之物是没有什么可以留恋的了。逃了出来之后,要用,没有用的,要穿,没有穿的,处处感到不便,于是逐一置备起来。棉织粗布和丝毛织品同样地可以御寒,土碗瓦匙使用起来与江西瓷器不差什么,并且,一年两年,渐渐地习惯了,也就不再想起那些烧掉的日用品了。使我常常想起而觉得惋惜的,只有那些没有法子再得到的字画。我深悔自己没有在逃出来的时候,把挂在壁上的字画随手扯下几张,卷成一卷带走。

那些字画中最可纪念的是一幅《天女散花图》,那是父亲母亲结婚时候一位朋友送来的礼物。图是绢本,阔约八寸,高不及阔的一倍。因为挂的日子久了,绢已经成了深茶色,而作画的墨色又很淡,所以远远地看去,只见右上角"天女散花图"五个篆文，旁边还有一行题款，和下面盖着的一颗赭红色的印章。凑近细看，才看得清天女的位置在全幅的中下部。她的面貌与服装，和别的画上的美女相仿，身子稍向左偏，左手提着花篮，右手稍低，按住花篮的口；从花篮里飘出来十来朵纤小的花，和她的衣带一顺，飘向她的右前方；她的衣袖和裙幅，也都被风吹得向那方翩翩地飘动。想来她正在御风而行吧。她的脸侧向右方，目光稍稍下垂，漠不关心地望着那些飘散的花朵。一起一伏的云绕在她的脚下，像海里的浪，然而从疏淡的墨色和轻飘的笔意看来，那毕竟是云。全幅空白部分约占五分之四，可是经几笔云这么一渲染，就似乎满幅弥漫着云气，那天女是在无际的云海上。

那幅画和一副小对联，一向是挂在父亲的书房里的。那对联是弘一法师的正书："寒岩枯木原无想，野馆梅花别有春。"上下款都是长行小字，约略记得是"岁次大辰……结庐双髻山麓""……晚晴沙门月臂书"。上款上方有一颗长方印，刻着一个坐在莲花上的佛像，下款下方也有两颗小印。父亲常常赞叹那副对联，说不但每个字的一笔一画都写得非常舒适，便是字与字之间的距离也布置得非常匀称，通体看来，有一种端庄静穆之美。

那副对联到我家来的时候，我家正搬进上海闸北一幢弄堂房子里，父亲在三楼亭子间里布置了他的书房。亭子间小得真像个亭子，放了一张书桌之外，只在父亲的座位后面，并排放了两个小书架，书桌前面还有一张茶几，两张有把手的大椅子，这样倒也紧凑，窝逸。布置停当后，父亲由我扶上茶几，在正对书桌的地位挂上那副小对联，在茶几上面的壁上挂上《天女散花图》。

那时候正是极冷的冬天。父亲每晚在书房里写东西，总要到十点过后。等弟弟睡着了之后，母亲引了我和妹妹就蹑手蹑脚地走到书房里，因为那里生着个日本式的火钵。我和妹妹同坐在一张大椅子上，脸和手都凑近火钵，只觉得热烘烘的，不一会，妹妹的脸就通红了。母亲坐在另一张大椅子上做针线，就靠着那副小对联。对联的右方是两扇窗，窗外可以看到邻家窗子里淡黄的灯光，和上面横着的一条深而且黑的天空，只有很少的几颗星儿放射出寒光来。每隔一些时候，"檀香橄榄"的叫卖声冲破了夜的寂静，那声音尖锐而漫长，尽在寒气里荡漾着。

屋子里面也非常之静，然而是暖和的。小茶几上供着一盆梅桩，蓓蕾有纽扣那么大了，有几颗已经绽出了嫩绿色的花瓣，稀疏的影子正映在那幅《天女散花图》上。父亲时而拿起笔，对着那副对联出神。他左手边供着的一盆水仙也开得很精神了，时时闻到一阵香气。

"嗞——嗞——"火钵里的一壶水沸腾了，喷出热气来。水壶里大多是清水，给父亲冲茶喝的。但有时候也煎咖啡。我和妹妹都是欢喜咖啡的，水一沸腾，咖啡的香味就发散了，到那时候我们忍不住要嚷："姆妈，我要多加一块方糖！"

"一·二八"的时候，那幢房子正在火线上，一家人仓促地避进了租界，也是一点东西都没有带走。到停战后回去看，天井里中了一个炮弹，大门和前楼的门窗全给轰倒了。我扶着危梯直上三楼看那间小书房，里面的陈设一点没有变动，只是家具上都蒙上了一层灰。水仙干瘪得像在厨房里搁久了的葱。梅花早已谢了，新发的嫩叶干得像茶叶，茶几上还留着零落的花瓣、花萼和卷曲的花蕊。这景象不免有些凄凉，但一看到墙上的《天女散花图》和弘一法师的小对联仍旧好好地挂着，心里就觉得温暖起来。于是爬上茶几，把一轴一联取下来，掸去了上面蒙着的灰，卷好了，走下危梯，放在网篮里，那网篮是特地带来装东西搬走的。

以后我家迁移了好几次，每次住定了，父亲就布置他的书房，挂上那幅画和那副对联。抗战开始以后，我家非离开故乡不可，就带了些所谓"细软"登程。那些字画一幅也舍不得抛弃，就都砌在箱子里。一家人辗转各地，在有几个城市里也住上半年三个月，只因书一本也没有带，父亲的书房布置不起来，并且大家的心理都非常促迫，从没有想到把箱子里的字画选几幅出来挂挂。有时候也说起那些字画，可是总伴着埋怨的口吻，说那些字画又笨又重又占地位，要是不带那些而带点铝锅瓷盆之类，那多么好呢。

在乐山住了下来之后，请了木匠，把中堂用木板隔出一小间来，做父亲的书房。那书房也非常之小，书桌对着板壁，书桌左边放了一张有把手的竹椅子。相对的板壁前放了一张竹茶几，两把竹椅子。也就很少有空地了。靠茶几挂上《天女散花图》。茶几上供一个栗壳色的土瓷钵，钵里盛了清水，水底铺一层五色斑驳的小石子，那是从大渡河边拾来的。小对联也挂了起来，就在书桌右手边的板壁上。书桌上供一个土瓷花瓶，按了季节，插些鲜花。

每到晚上，一家人又聚在父亲的书房里了。书房里点起了一支红烛，跳动的黄光照耀在每个人的脸上。父亲沉默的脾气渐渐减除了，大家谈着笑着，非常高兴。直到打更的声音渐渐近了："柝，柝，柝，当，当！""二更了，大家可以睡了……"才各自就睡。

最近，父亲的书房又布置停当了，借了些桌子椅子，也还像个书房的样子。到了晚上，一家人仍旧聚在一起，兴高采烈地说着笑着。但是看到那刷白的墙壁赤裸裸地站着，总觉得不很顺眼，仿佛缺少了什么似的。这使我深深地怀念那些已化为劫灰的字画了。

"工作"小记

叶至美

寒假里,我在高中毕业了,其时没有大学可考,我就打算怎样度过这半年。有人劝我进大学先修班,我不想进,因为据别人说,先修班的课程与高中差不多,管理方面又很随便,读半年不一定有多少得益。当然,我也不愿意在家里闲荡半年。最后,就决定找点"工作"做。

没有经过什么考试,也没有经过什么训练,只由伯父的几句话,我就进××××会做事了。伯父带我走进主任办公室,那位主任正在抽烟卷儿,看报纸。一个胖胖的中年人,穿一身绿色制服,上装左面的口袋上佩一个圆圆的徽章。伯父说:"今天我带侄女来这儿学习学习,请您招呼她一下。有什么事不会的,请您指教。年轻人懂得的事儿少,不过,对于学习倒是很热心的。"主任一口答应了。接着他们谈天气,谈物价,谈时事,谈政治。伯父走了,主任送他出去,回来看我还呆站在那儿,便领我到另外一间房间里,指着一个空位子,叫我坐下。

这是我生平第一次坐进办公室。待心中安定了一点儿,我抬头观看四周。一共六张办公桌,每两张相对放着,排成三行。已经坐在那儿的五位职员中,四位是年轻男子,坐在我对面的是一位很时髦的女士。他们好像都在抄写东西。无意之中,我发现对面那一位正在写信。我坐着不知该做什么好。桌面上砚台、钢笔杆、空墨水瓶,零乱地放着。顺手打开抽屉,橘子皮、花生壳、撕破了的信、抽了半截的香烟头,我无从着手整理,便又关上了。呆坐了很久,主任进来了,告诉我下午有工作做,上午可以先回宿舍去。

下午准一时,我走进办公室,室内没有别的人。我顺手翻着报纸看,心中老不能安定。快到一点半的时候,同事们陆续到齐了。那位女同事笑嘻嘻地坐下,便翻开书来看。我随便问她:"看什么?""《茶花女》。"她随便回答,对我笑了一笑。

主任进来了,拿了一叠纸向我走来。他说:"有几份报告表,请你抄一下。"我翻开一看,都是数目字,心里很不痛快,回答说:"好吧。"

我开始工作了。要抄的表格只有十几份,每一份上只有疏疏落落的几行数目字,我只花了一个多钟头便抄好了。我把抄件送回主任。主任惊奇地看着我说:"这么快呀!"便一张一张翻着看。我转身想回办公室,他却叫住了我,那副神情让人有点儿害怕。我以为出了什么大错,心里很着急。主任开口了:"你的数目字写得不好看。阿拉伯数目字要写得匀净才好。抄表格不比在学校里做数学题,不能歪七扭八地随便乱写。你还得好好练习,才能抄东西。这几份表格要重抄过。"他顺手拿起一张作废的账单给我看,上面蓝色钢笔写的数目字正如石印的那么整齐。他说:"你照这上面的样子去练,要多练几天。"我接过废账单,心中说不出的懊丧,第一天做事就碰壁,很想说几句出气的话。再一想,如今不是在学校里,怎么能这样随便,这样任性,便不声不响地回到了座位上。

四天之内,主任没有让我做别的事,只是对我说"多练练"。我不停地写着:1,2,3,4,……9,0。开始还不感觉什么,慢慢地觉得手酸了,最后,许许多多数字在我眼前打转转,我只觉得头昏眼花。坐在我对面的那位女士带着几分嘲笑的神气对我说:"你何必这么认真呢,写了几十遍也就够了。停手吧。"我真的停了手,可是无事可做。几位同事在轻松地谈论,善意地戏笑,乃至轻轻哼起歌来。我跟他们不相熟,不能加进去,我一心等待下班的铃声,却像永远盼不到头似的。

一星期之后,我和同事们相熟了。他们告诉我,主任不派事情做,乐得舒服。我问:"闲着没事干什么呢?"他们告诉我,可以看小说,可以写信,可以打毛线,可以吃零食,只要不让主任看见,干什么都可以。听了他们的话,我开始学乖巧了,进办公室带一本小说和一包花生米,小说摊在桌子上,花生米放在抽屉里,一边看,一边吃。直到听见主任的脚步声渐渐走近来了，才关上抽屉，拿起笔来写：1，2，3，4……后来我学得更老练了。常常请同事们吃花生米，常常跟他们说笑话。有一次，我哼了一支新歌，他们五个都要学，我就在办公室里教大家唱，直到谁轻轻喊了一声："来了！"才各归原位，各尽其责。

主任来了，见我在练习写数目字，说我进步多了，简直可以说写得很不错了，于是开始让我抄表格。他拿来一叠纸，郑重其事地说：三天以内必须交给他。我狠命开快车，一个下午就抄完了，又赚到了两天半的空闲。

在办公室里是看小说，吃花生米；在宿舍里是和同事计划"打牙祭"，商量郊游。我得承认，职工的伙食办得不坏，跟学校里的相比，简直太好了。我没有把薪水积蓄起来的想法，所以毫无顾忌地全部花光。我的薪水只有五十块，可是加上家属米贴，加上生活津贴，实支五百多。我早上很少吃稀饭，总是两个鸡蛋，一碗面。中饭常常吃自己添的红烧肉白切鸡。同事们都说我长胖了。他们说，他们也是到了这里才胖起来的，还打笑地说："别人在闹营养不足，我们这里上下六七十个人，却至少有一半是胖子。"我问原因，他们告诉我，这里有三四十人是刚从高中或大学毕业的，还没有家室之累；拿了家属米贴，自然随便乱花了。所以大家都这样说："一个月的薪水吃完刚好，将来怎么能养家！"后来我每月的收入加到七百多元，还是没有添过一件衣服，买过一本书，都吃在肚子里了；每逢星期日，一大群人你请我，我请你，大家的钱都这样花光了。

有一次我带了一本唱歌本进办公室，几个人便聚在一起唱起来。也许是唱得出了神，声音太响了，没有听到主任的脚步声，被主任抓住了。他板着面孔走进门来。我们都聪明，规规矩矩地坐到原位。"你们来做什么的？办公时间能这样的吗？"有几个同事已经在动手工作了，我却找不到什么可做的事，因为主任要我做的，我早就做完了，只差没有交给他。他盯着我，我便把几十份抄好了的报告表递到他手里，说："我已经做好了，请你另外给我工作吧！"我真想说："闲着没事，不唱干吗呀？"他仍然绷紧了脸说："做事不要这样马虎！敷衍塞责是要不得的！"我生气了，难道花一分钟写一个数目字才算认真，才算是尽责吗？我想告诉他："你不知道，谁都像我一样闲着没事做。你请我们来，本来没想到要我们做什么，我们不玩才傻呢！你这几张表格，六个人的事，我一天都做得了！"他看我不作声，也就板着脸走出去了。那天我没有再唱歌，却看完了一本《西风》。

将近暑假的时候，我不再看小说了。我用闲空的时间温习功课，预备考大学。好多人以为我有这样舒服，这样享福的一个"职业"，偏要想离开，真是个大傻瓜。的确，七百多块钱一个月，天天吃好的，天天看小说，唱歌，玩儿，这种日子是很难得的。可是我并不满意。有人知道我要离开，便托我说情，把我的位置让给她。我答应了，事情也成功了。那个人也是刚从高中毕业。我答应她，让她也尝尝写数目字，拿大薪水，乱吃乱玩的味儿。至于我自己，尝了几个月已经够了，不想再尝下去了。

我终于离开了。接替我的年轻朋友在我离开的前一天来看我，她笑嘻嘻地问我工作情形。我老老实实地把一切都告诉了她。她脸上露出了失望的表情。我安慰她说："趁空，可以多多看点书。"她点了点头，走了。我心里却老不好受。在那里过了四个半月，我知道年轻人到了那个无公可办无事可做的地方，只有学会贪图安逸与享受。我希望她也只有半年的耐心。如果她留恋那一种生活，那将毁了她自己的一生。

班图书馆

叶至诚

为了提高大家对于文学的兴趣,为了让想要看书的有书可看,几个同学向级会提议:我们班上组织一个图书馆,书由大家带来。不论平时爱看书的还是不爱看书的,都被这个新鲜的提议引起了莫大的兴趣。没等召开"全体大会",就算通过了。三个两个聚在一起,纷纷谈说,我要带些什么书来,你得多带几本来。

大家几乎把能够带来的书全带来了。平时瘪瘪的书包,这几天里都塞得饱鼓鼓的,跟公务员们提进提出的黑皮包一样。提议人的桌面上堆满了书,抽屉里也塞满了书(在图书馆没有正式成立之前,一切事务由提议人负责)。他们没有工夫清理。他们正忙着登记书籍,编列号码,拟订借书的规则,绘制借书的簿册,一下子就用了七八本练习簿。

忙了将近一个星期,教室后面靠窗的角落里挂起了一块马粪纸做的招牌,图书馆"开张"了,受大家推举出来负责的还是提议人。书着实不少,把两张双人桌的四个抽屉装得不剩一点空隙。门类也够瞧的，有《呐喊》《春雷》《文件》等等新文艺作品，有《七侠五义》《江湖奇侠传》《七剑十三侠》等等武侠小说，有小学高年级适用的《儿童世界》和《小学生文库》，也有我们还看不大懂的《曾文正公家书》和《颜氏家训》之类，此外还有画报，其中电影画报占了绝对多数。

在图书馆开张以后的两三个星期当中，除了一个不给我们上课的教导主任大大称赞了一番之外，其余的老师都对我们发过脾气，光过火。他们发觉自从有了班图书馆，教室里固然清净了，可是用心听他们讲解的却比以前少了许多。多一半人都在膝盖上摊了一本课外书，两臂趴在桌子上，低下头专心一致地看着。有几回，老师气不过，把书没收了去。可是事后就有同学以级会的名义向老师取了回来。没收了去可以取回，还有什么可怕的？上课时候，眼睛盯住膝盖上的愈来愈多。

负责人真有点忙不过来，一下课就有人拥到班图书馆前面，嚷着借书还书。大家借书的热情虽然这样高，可是被借阅的书仅只有一部分。《儿童世界》《小学生文库》这一类，有人借；《七侠五义》《江湖奇侠传》这一类，有很多人借；至于画报，简直没有在图书馆里停留过五分钟以上，除去那本画报的主人，全班没有不要借的。其余的书呢？下午四点钟的时候，由负责人从教室带回家去，搬动一次，第二天早上七八点钟之间，由负责人从家里带到教室来，又搬动一次；它们的存在，只是给负责人多添些麻烦罢了。

借书规则上有这样的规定："借书限三天归还，逾期一天，罚洋五毛，两天一元，三天两元。"可是有人借了五天还没有还。负责人急了，一再催他。他说："拿出书来开了图书馆，还不能畅畅快快地看，我把我的书收回，退出好了。"负责人没法，只好不再催他。又过了一个星期，书还是没有还来，负责人不客气了，逼着他第二天必须归还，并且交出应付的罚款。两个人于是吵起架来。结果借书逾限的那位把他放在图书馆里的书统统取走，宣布退出。他借的那本书，第二天还来了，里面夹了一张五角的毛票。

成天地借出收回，负责人不免感到厌烦，做事情没有开始那么起劲，那么热心了。一下课，看见别人拥出教室，他们也溜出去打一个转再回来。事情似乎越来越显得麻烦，叫人不能喘一口气；搬出搬进的书也似乎一天比一天重了。他们向全班呼吁：大家来轮流值日。可是大失所望，碰了钉子。多半人以为，"你们提议开图书馆，我们就表示赞助，把书拿出来；现在又得寸进尺，要轮流值日了。我们可不干"。少数起初就不大感兴趣的人这时候就说："我本来就不主张开图书馆，为什么要我来值日？"

每一本有资格被借阅的书，在每一个要看的人手里传过之后，图书馆并没有挂出"新到大批书籍"的牌子。图书馆的生意渐渐清淡下来。起先忙得不亦乐乎的负责人,现在守着图书馆,闲得没法排遣。于是一个个"表示消极",索性不守在图书馆里了,甚至于接连一个星期不见"开馆"。原先热心把书带来的同学觉得书放在图书馆里还不如放在家里稳妥,一个个向负责人收了回去。没等到召开"全体大会",班图书馆就此"夭折"了。提议人白费了七八本练习簿,白费了将近两个月的休息时间。不过这也是活该,谁叫他们想出这个新鲜的提议来的!

考 试

叶至诚

教室里,两张一排的桌椅排成三行,坐在椅子上的同学大半都对着一本《代数》,小声小气地念着。不在念书的几个睁大了眼睛望着门口。"来了!来了!"有几个从外面跑进来,叫着。"哇哈!考啦!"不在念书的喊了起来。抓紧时间念书的慢慢地拿起书本,眼睛还舍不得放开,终于把书本放进了抽屉。"哇哈!我们要考啦!"教室里所有的人一齐喊起来。

"喂,头道题怎么做?""……""快点,头道题!说,快点!""分解因式。""咋个分?说呀!"正在出题的先生把脑袋转了过来,眼睛直往有说话声那个方向看。"先生,那是不是 $3x^2$?"催着要头道题的那家伙站了起来。"嗯。"先生的脑袋又转向黑板。

有好几个在咬笔杆。

靠门坐着个穿皮"夹克"的,右手伸出两个指头支在太阳穴上。

中间一行第三排靠左,坐个高个子。他整个上半身往前俯着,背弓得高高的,脑袋像跟谁行注目礼似的转向右边,一对耗子眼中的黑眼珠子往右边溜一下,右手里的笔就在纸上写一阵。坐在他右边的那个,埋着头只顾写,突然间停住了,望着黑板。他的脸红了起来,从两颊直红到耳根。高个子的黑眼珠不再往右边溜了。他把背紧紧贴着椅背,轻轻地说:"喂,第二道!"

"打一道过来嘛!"一个戴帽子的跟坐在旁边的近视眼说。没有反应。"打不打呀?"还是没有反应。"好!你小心点,下了堂老子捶你!""啥子嘛?""打一道过来。""第几道?""随便,就是头道。""分解因式。""鬼!我还不晓得是分解因式!咋个分?""分成$(3x+1)(x-1)$。""啥子呀?"戴帽子的凑近近视眼的座位。"$(3x+1)(x-1)$。""听不到。"

先生在讲台上走来走去。

望了望先生,趁他眼睛看着别处的时候,高个子的手伸进了抽屉,一本黄面子的练习簿给轻轻地抽了出来,放在大腿上。高个子低了头,手指很快地翻那写满细字的书页。然后又望了望先生,趁他眼睛看着别处的时候,又把本子轻轻地送进抽屉里。

"先生,笔杆掉了。"穿皮"夹克"的说。"捡吧。"穿皮"夹克"的把笔杆一踢,踢近一个小小的纸团。他先捡起纸团,捏在手心里,顺便把笔杆捡了起来。

近视眼叠好卷子,站起来了。"不打派司嘛?你小心点就是了！"戴帽子的低声骂着。近视眼交了卷子，回到桌边拿笔的时候，塞了个纸团给戴帽子的。戴帽子的打开一看，笑了。近视眼高高兴兴地走了出去。

　　穿皮"夹克"的又用右手支着脑袋，现在是伸出三个指头了。

　　高个子的眼珠又在往右边溜了。

　　戴帽子的在卷子上刷刷地写着。

纪念册

叶至诚

在一个学期快要结束的时候,同学们照例忙了起来。除了忙"开夜车""开早车",准备应付学期考试以外,还得忙"纪念册"。请人家在纪念册上题字呀,给人家在纪念册上题字呀,也忙得不亦乐乎。

为了便于携带起见,纪念册的面积不太大,普通相当于教科书的一半,往口袋里一塞就能带着走。纪念册硬板纸封面的表面,有的糊上一层颜色纸,有的用花洋布包起来,更讲究些就用"充皮"或真皮。在硬板纸和表面的颜色纸或者花洋布或者"充皮"、真皮之间,有的还铺着薄薄一层棉花,把封皮弄得鼓鼓的,很有点儿气派。在颜色纸、花洋布、"充皮"、真皮上面,又歪歪扭扭地烫上一个金色的洋文。这样,纪念册就被认为是十分美观漂亮了。打开封面,红绿蓝黄的洋纸间隔地装订起来(也有纯用白色洋纸的),这就是纪念册的主体。现在(民国三十一年七月初)你如果想有一本纪念册,到铺子里去问价钱,也许会吓你一跳(要是你的爸爸属于薪水阶层的话）。小型的用颜色纸包封面的，得二三十元。那封面鼓鼓的，本头大点的呢？至少七十元。你会想这不会有人买吧？那就完全错了。这年头，花七八十块钱，买一件心爱的东西，在少爷小姐们又哪里算一回事。

别小看这小小的纪念册，爱这玩意儿的多着呢。尤其是那些女学生们。她们都是非常富于感情的，对于任何人任何事都依依不舍，念念不忘；至少也向人家表示她们是懂得什么叫作感情的。分别的时候迸出眼泪来的是女人，看悲剧哭湿了手绢的也是女人。假如爱这纪念册的是男人的话，那么，至少在这一点上表明他具有女性的特征。自然，也有些人认为这是外国传来的玩意儿，时髦，新鲜，为了要赶上"时代的潮流"，不得不跟着学一学，那就不在此例。

有资格在纪念册上题字的，当然不是亲串就是好友。可是，你随便打开哪一本纪念册来看，像"前途光明""鹏程万里""青云直上"这一类泛泛的祝词差不多占了一半。你准会疑心题这些词句的既非亲串，亦非好友。倘若是情深谊切的熟人，可以说的话不是多着吗？何至于用这些装点门面的滥调来敷衍塞责呢？偏偏纪念册的主人会告诉你，题这些词句的，绝大多数是道地的亲串和好友。

考试中"派司"来往，通同作弊，平日连书本也不摸，在一起非玩即耍的朋友，一旦题起纪念册来，忽然板起面孔，来一套"为学如逆水行舟，不进则退""努力为学""学海无涯,唯勤是舟",居然充圣贤教训人家了。他们题惯了这一套,写下去绝不会脸红。受题的看惯了这一套,不足为奇,也绝不产生反感。当然,等受题者给别人题纪念册的时候,也会依样画葫芦,来这么一套的。

平时成天嘻嘻哈哈,"老张""小李"开惯玩笑的朋友,也会在你的纪念册上写下"孜孜为学""少壮不努力,老大徒伤悲"这类句子。这些句子在老师或者长辈题来自然可算得体,可是,在朋友题来总有点不对劲。大家学的差不多,年龄差不多,况且彼此时常在开玩笑的,临别不说一些相互可以心领神会的话,来纪念那些成天嘻嘻哈哈,"老张""小李"的日子;却装得老气横秋,教训人家一番,又算个什么呢?我想:过了若干年之后,留有纪念册的打开册子来一看,只见这个"教"几句,那个"训"一场,准会感叹:这哪里是纪念册,竟是"受训录"了。

纪念册的用意,原为使相互之间不要忘了曾经有过的友情,让以往的岁月,以往的友好,以往的情味,在小小的册子上留下一鳞半爪的痕迹。但是在我见到的纪念册里,却难得有写得贴切的。"为了一件小事,我跟你闹翻了。在后来的一段日子里,我改变了平时出教室总要喊你一起走的习惯,总是忍住了不喊,有时候半个字喊出口就缩了回来。游戏中间如果有你在,无论怎么好玩,我也忍住了不参加。过了半个月,你忽然跑来对我说:'我们和好了吧。'直到现在,我还是十分感激你。"这该是写得贴切的一例。我还看到一本纪念册上写着："君乘车，我戴笠，他日相逢下车揖。君担簦，我跨马，他日相逢为君下。"虽是抄录现成的语句，却可以表达两人间交谊的深厚，也挺不错。

纪念册除了请同学题写之外，还请名人（包括电影明星）题写，有人甚至于非名人不可，不是名人就不配在他那纪念册上题字。一有名人到校，备有纪念册的同学们就从箱子里皮包里把纪念册拣出来，争先恐后地送到那名人手里。不管内心是不是敬佩那位名人，过后至少可以拿来夸耀一下：瞧！这么有名的人物，也给我题了字。一个朋友告诉我，有位名人（并非电影明星）到了××女校。好，生意来了。一本刚写好，又来三本；三本没写完，又来八本。题了两个多小时，那位名人手酸了，眼也花了，字也越写越不成样子了。校长在一旁看不过去，不得不下令禁止再拿纪念册来请求题字，后到的女学生不免一个个噘起了嘴，那位名人却总算松了口气。不是电影明星尚且如此，电影明星就可想而知了。请名人题字的同学除了希望不遭到拒绝以外，更希望能够盖上一个印章，表明是"道地真货，决非冒牌"。

学期考试一过，同学间互相题了纪念册，握手道别，各奔前程。以后呢？事过境迁，大多数连信都不会通一封的。不过，那又有什么关系，在纪念册上，不是都已经题过字，并且还签了名吗？

宣 传

叶至诚

我们做过这样一次宣传工作。

那一天是元旦。早上,我们按照上一天晚上的计划,分批向牟子场出发。我、老张和体育教员王先生成为一批,我们算是从外省流浪到四川来的一家人,王先生充当我和老张的祖父。为了装得像个穷苦的难民,我和老张各自裹上了一件破得再不能打补丁的棉袄,别笑它破,还是事务主任费了半天工夫才借来的。我们打着光脚板,在露出来的一段小腿上涂上了厚厚一层"泥巴"。不错,我们的脸上还东一搭西一搭搽了墨呢。王先生拿了一根竹子,算是打狗棒。他那光光的下颌上添了一束胡子。虽说仔细看的话就会知道不是长出来的,总还可以马虎过去,只是颜色太不对劲了,咱们中国人哪有长棕色胡子的。我和老张当然能够谅解,昨晚上全校动员,没有找到一根黑色的绒线。

快进场口的时候,王先生就把挺直的腰杆弯了下来。我的心里咚咚地跳,昨晚上才说起要宣传的,今儿清早就实行了，一点儿准备也没有，怎么行呢？

"快走开！"

老张忘记他自己是什么打扮了，在花生摊旁边挤呀挤的，别怪卖花生的要赶他走了。如果我是那卖花生的，也会疑心他想捞几颗花生米子吃。

我把带着的小锣"当……当……当……"地敲了一阵，只招来几个五六岁穿着破棉袄的娃娃，一对对圆溜溜的眼睛都带着好奇的神色瞅着我们，大人连一个影儿也没有来。预先约定给我们撑场子的同学也不见到来，一片宣传的热心，这就冷掉了一半。"我们走吧。"王先生压紧了喉咙装作老人的声音说。老张朝我伸了一下舌头，我差点儿要笑出来。

拣好了另一处地方，我重新敲起锣来。这一回人比较多了。除了跟同我们一起转到那里的几个小孩子，又添上了两三个老头儿。撑场子的同学也赶到了。王先生压紧喉咙开始说他的开场白："我们是从河北省逃来的。我的大儿子给日本鬼子打死了，我们……"

"呀"的一声，我们背后那家子的门打开了，从里面探出一个光秃秃的脑壳来。"走开！走开！你们要做生意，我们就不要做生意了吗？"撑场子的同学做好做歹地跟他说，我们是难民，停一会就要走的。"哼，难民！"又是"呀"的一声，光秃秃的脑壳不见了。我们一片宣传的热心，不由得又冷了一半。

王先生好容易把日本鬼子怎样凶恶，大儿子怎样给他们打死，祖孙三口怎样逃来四川讨饭过日子，一一说完。这该轮到呆坐在地上的我和老张了。我唱《保家乡》。不知怎么的，一开口声音就提不高。我看见除了撑场子的同学以外，没有一个人听我的（那两个老头儿正注意着王先生头上的破瓜皮帽子，几个小孩子却"意志集中"地用小石子扔那放在地上的小锣）。"唱响点，听不到。"说这话的是惯爱开玩笑的老宋。我狠狠地朝他翻了个白眼，提起劲来把歌子一口气唱完。老张也唱了一个歌，于是王先生向大家说，我们两天没吃饭了，要求大家给我们一点儿救济。一霎时，成把的铜圆、镍币和毛票扔了过来。那几个老头儿对着这些个慷慨解囊的学生们直发愣。他们可不知道等一会要把钱还给这些热心人的。（当天晚上，我们把钱还给他们，一个子儿也不少，可是一个子儿也没有多。）撑场子的同学完成了他们的任务，三三两两，很轻松地走开了。

　　回学校洗脸洗脚，换了衣服，我走另一条路又上牟子场去。

　　"刚才那老头儿是个骗子，看他那个样子就不像什么'难民'。那些学生受他的骗了。"

　　"哪里，人家是出来宣传的。"显然是懂点儿的口气。

　　"宣传啥子！我看得清清楚楚，他把成把的角子毛票往包包里揣。"

"确实是宣传。"

"宣传也好,不是宣传也好,拿了钱去是真的。"

"他叽叽咕咕说了一大套,也不晓得说的啥子。那两个娃娃连小调都唱不来,还要卖唱。唱得人家听都听不懂。"话题转到了另一方面去。

一阵争吵声从一家小饭店里传了出来。店门外立刻围了一大堆人,大家跐起了脚尖,尽量伸长脖子,推着挤着朝店堂里望。我连忙赶了过去。

饭店老板拉着一个穿伤兵服的丘八连咒带骂地向众人诉说:"他们三个不要脸的,想吃白食,吃了饭筷子一丢就开溜了,钱都不付!"大家望见桌子边还站着一个身材高大的汉子,墙角里又缩着一个抖抖索索的乡下人。

"各位,我们并不是故意来吃他一顿白食。我是医好了伤回前线去的,他们两个愿意和我一起上前线去当兵。走到贵地,钱使完了。我们还要替国家去打仗,怎么能就这样饿死呢?这才到这里来吃一顿饭。虽说吃了饭不给钱不合道理,可我们也是没有办法……"伤兵给自己辩护说。

"走,走!"那个大汉不耐烦了,直催着伤兵要走。

"没有钱你们就不该吃饭,我这里又不是施饭的地方。"老板根本不管当兵不当兵这回事。

"我们去当兵也是为了大家,为了保护你们。你就是请我们吃了一顿,也没有多大关系。就说不请吧。二天我们打完了国仗,回来的时候会来还你老板的。"

"哼,你才会说!二天你不来,我又到哪里找你去?还不晓得你回得来不。你当兵不当兵,我管不着!一句话,不付钱你莫想脱得了手!"

"走,走!"大汉一边说,一边迈开了脚步,终于给老板一把拉了回来。

那个乡下人嘀嘀咕咕地埋怨:"我说没有钱不要来吃,不听。好,这下子弄到路都走不成了。"

"他们这一队的表演技术,比我们可强得多了。"我正在这样想,从人丛里钻出来一个瘦瘦的穿着黑布大衣的青年人(看样子像是大学生),他走到店堂中间,眼睛扫了一下三个吃白食的,说:"你们怎么可以吃了饭不给钱!"原来是个仗义的汉子。

"不用你管!"大汉恼了。

究竟是伤兵懂事一些,把自己的情形向青年耐心说了一遍。

"当兵的吃饭就可以不给钱吗?你去问问看,哪个军队有这样的规矩?像你们这样胡闹,简直损坏中华民国军人的名誉,简直是扰乱后方秩序,破坏治安,论起罪来,就是汉奸!"青年理直气壮,滔滔不绝。

伤兵可没有想到会有这一着,对大汉翻了翻眼睛,没有开腔。大汉也翻了翻眼睛,也没有开腔。

我猜他们心里一定在怨恨:"真亏事务主任想出这个好办法!"

早就挤在人丛里准备代还账的同学看见事情闹僵了，马上出来替他们三个还了账。

付了钱，老板不闹了，那个青年人也走了。一大堆人见再没有什么可看的，就散开了。于是昨晚上预备好的由代付账的同学讲的一篇演说（内容是劝大家要踊跃当兵，要优待伤兵和出征军人家属），竟没有讲的机会。

"那个学生不代他们三个还账的话，他们还要顶了门板跪门槛呢。"

"怎么不打起来，打起来才好看呢。"

"打啥子，本来他们理就亏了。吃了饭哪有不给钱的道理？他们还敢打？不是给那个穿黑大衣的一说，就不敢开腔了？"

"李老板今天糟了。在他那里闹了一个早上，他生意都没有做到多少。"

起初还有人谈论这件事，没多久，平静了，饭店照样做生意，人们照样各干各的事儿，好像不曾有过这回事似的。

我们做过这样一次宣传工作。

我是女生

叶至美

初中毕了业,进了××中学。

进学校的第一天,我到处走了一圈。走过布告处停步细看,呀,不得了!我犯了罪了!有一张布告上写着:"新生须知:凡本校男生,不得走出二门。凡本校女生,不得擅入二门;除上课外,不得在教室逗留,应在女生院作息。"我不是才从"二门"里出来的吗?心中一急,我立刻回宿舍去了。

第一次上纪念周的时候,我认识了校长先生,矮个子,很瘦,黄脸,没有一点笑容。他走上讲台,说了"各位先生,各位同学",接着便是一阵咳嗽,然后说:"请稍息。"他讲罢了学校的历史,继续讲关于全体学生的事。他说:"男女生一律不准任意交谈。必要的时候,得向训育处的先生报告,经先生准许之后,在办公室内接谈。就是兄妹姊弟,也不在例外。这种规定,你们不要以为可笑。本人有二十几年的办学经验,深知对青年们非这样从严管束不可。"幸好我没有兄弟在这里读书,要不然，在家里说笑惯了的，现在骤然要当作不相识的路人，那可太不容易了。接着他又特别讲到关于女生的事，我是女生，当然应该特别仔细地听。他讲："女生只能在吹了上课号之后走进教室。在教室里，不得任意谈笑，进了教室一刻钟，倘若先生不来，须立刻回宿舍（如果先生在第十六分钟上来了，就叫女工来招呼）。除了升旗降旗和上体育课以外，不得随意到操场上去。功课上有疑问，不必立刻到教员办公室去问，可在晚上上自习的时候叫女工把先生请来。"我听完了这些，不由得心中一凛：我进了学校还是进了监狱呢？我看了旁边的同学一眼，她也正皱着眉头看我：我们彼此会心地苦笑了。

早知道别扭这么多，我一定不进这个男女兼收的学校了。

上课号吹起的时候，我们一班十五个女生，一同拿着书规规矩矩地走进"二门"，我们非常注意，保持着十分的庄严，不随便说话。走进了教室，更是格外小心，头也不回地一直走到各人的位子上，端端正正地坐下来，眼睛盯着书本，专诚恭候先生。有的先生在开讲之前，先要指定几个学生考问旧课。这种事情是绝对轮不到我们女生的。即使我们答得出，有全班那么些男生看着，已经要不得了，何况有时候会答不出呢（不问我们倒好，省得事前预备花工夫）。有的先生一进教室往往说："各位有什么不懂，请提出来讨论。"这句话实在是说给男生听的，女生起来发问，仿佛总有些不应该似的，即使有一百个疑问，也只好闷在肚里。我有好几次想鼓起勇气来举一次手，但是不晓得有什么力量，每次把我的手压住了。

有时候我们在教室里恭候先生，却不见到来。一个同学拿出表来一看，过了一刻钟了，我们十五个人都静静地离开教室，直到走出"二门"，才像犯人出了监狱似的恢复了自由。先生到十六分钟上踏进教室的事也有过。有一次，刚回到宿舍，我开始讲一本新看的小说给两位同学听，女工陈嫂来说："小姐们，喊你们去上课！"我一面走，一面讲故事，简直忘记了什么"二门"，大声地讲到了教室的门口。下了课之后，校工来喊我了，说是训育主任叫。我去了，训育先生说："刚才别人在上课，你的声音太大了，以后轻点！去吧！"居然没有"吃大菜"！正要拔脚就跑，立刻想到我是女生，便轻轻地一步一步退出了办公室。

有个朋友托我把一包东西交给一位男同学。那男同学和我同班，虽然每次进教室不看四周，我还能够知道他坐在第五排。我拿了那包东西，想在上课时候乘便交了就算。一位同学对我说，不要贪懒，即使先生们不知道，男同学们看见了也会说闲话。于是我走到训育处，在门口喊了一声"报告"，先生问清了我的事，便对校工说："你去喊×××来。"那位男同学来了，先生对他说："×××找你，带东西给你，你拿去吧。"那位男同学走过来，把东西拿在手里，说了声"谢谢"，又转身向先生行了一个礼,就走出办公室了。这时候我才想起还有要我转告的话呢。唉,没有说就算了吧,再来一次"报告",再来一次"转达",太麻烦了。

行课三星期了,我们女生没有上过体育课,玩球之类的事更不用说了。走廊里贴着的球赛广告,我也曾注意过。坐在宿舍里,时常听到操场上一阵阵的呼喊拍手声。然而这些都是男同学的事,我们女生没有权利过问。校长说过,学校不是不注重女生的体育,只因为先生还没有到校,没有先生指导是得不到运动的效果的,所以不必自动到操场上去运动。

再过了一星期,体育先生来了,一个胖女人。我们很高兴,因为跟操场实在隔绝得太久了。胖先生领我们到了操场上,她挟了一个排球,要替我们找个球场,可是球场都给男生占了,没有空的。她去向男体育先生交涉,请他叫男同学让出一个球场来。男体育先生说:"学校不久要开运动会,应该让他们多多练习。女生反正不急需,迟几天再来玩球吧!"既然不上体育课,就不该在操场上逗留。走!于是十五个人又安静又端庄地离开了热闹的操场。

高班同学的一句话是真理:"久了就惯了。"渐渐地,我习惯了。我习惯了在跨进"二门"的时候,把自己管束得像个木头人;习惯了在走进教室的时候,目不斜视地坐到位子上;习惯了在恭候先生到十五分钟之后,默默地离开座位回到宿舍;习惯了在男同学聚集的地方,忍住笑容，轻轻说话；习惯了随时随地，尽可能不离开自己的宿舍；习惯了只在宿舍里才表现我往昔爱玩爱笑爱闹的天性。这些我都习惯了，然而我厌恶。我看到那又高又大的有铁环的"二门"就生恨，我怕踏进去，一踏进去，便像上了锁链的犯人，失去了一切的自由。

好容易挨过了一学期，我决定转学。我像逃一样地离开了××中学。

转入的学校，仍然是男女兼收，男女合班。我才进校门，看见里面一道道的门很多，便有点寒心。特地走到布告处去看，关于女生的布告一张也没有，才放宽了心。到处去走了一大圈，发现女生宿舍的右边，就是男生宿舍。我又担心了，只怕以后连回到了宿舍，也要目不能斜视，头不能乱转了。

听到上课号，我挟着书一步一步轻轻地走向教室去。我听到一阵鼓掌声，接着是男性的呼喊声，其中掺杂着女性的娇细的歌声。走进教室，才知道许多男同学正在请一位善于歌唱的女同学表演新节目呢。这一点钟先生没有来，我也没有立刻就离开教室。有位男同学站起来说："这点钟有空，我们来组织级会。"大家都赞成。选举各股职员的结果，女同学几乎占了一半。余兴的时候，一位男同学和一位女同学合唱一支英文歌，博得了很多的掌声。

只住了一天，我知道，我所有的一切畏惧，在这个学校里都是不必要的。这里没有"二门"作为我行动自由的界限,一切都绝对地自由。说吧!笑吧!跑吧!闹吧!随便出进任何一道门吧!

　　住久了,我又习惯了。我渐渐地忘记了这种自由的可贵了。

课余散记

叶至美

每晚我一回宿舍，总是立刻上床。而她们呢，至少要忙上半点钟才睡。我睡在高铺上，常常斜着身子，看她们梳那鬈曲的头发，待梳得非常光滑了，再用一个个的铜夹针把头发卷起。卷起之后，觉得不合式，又放下重卷，非到自己认为满意不肯了事。这项工作，手脚快的人至少要一刻钟才做得了，慢的就不必说了。幸好她们并不心急，一面弄头发，一面高谈阔论，满有兴趣。昨天晚上，小何怨她的头发硬而多，不好看。阿刘偏又说欢喜她的硬头发。两人就在我的床下雄辩起来。我因为做功课疲劳，很想早点睡，可是塞着耳朵还听到她们在说头发好头发坏，心里虽然烦躁，却又不好意思阻止她们，索性睁大了眼睛等她们睡。哪知她们辩了一阵之后，又并排坐下，拿起毛线来编织了。这几天同学间盛行一种小围巾，围在项颈上，配上个银别针；又盛行一种短筒毛袜，花花绿绿的，套在长筒丝袜外面。小何编的正是那种小围巾；阿刘的呢，正是那种短筒袜。她们一面编织一面闲谈。我实在没法入睡，只好对她们说："小何，阿刘，明天再做吧。明天考英文呢，还不早点睡！"阿刘却回答说非当夜赶好不成。我说："忙什么，你穿上棉鞋，小何穿上大衣，还嫌冷吗？"阿刘说："谁要穿那双老棉鞋！"我没有别的话可说，只好老实告诉她们，做夜工也可以，但是不准讲话。她们两个都笑了，对我说："你真是一头猪，只知道睡。"别的同学跟着也笑起来了。我可没有生气。这以后，她们居然不再开口了。

今天一早，阿刘把我叫醒。我才睁开眼，她就把右脚伸到我面前，说："猪，新袜子成功了，好吧？""好！什么时候完的工？""十二点过了，那时候你睡得真像一头猪。"小何走来了，项颈上围着一条红围巾，只有衣领那么长，那么宽，中间一个蝴蝶结，结的中心，缀上了雪亮的银别针。那式样像男人穿西装用的领结，我不大欢喜，可是我没有说，说了她会不高兴的。其时还没有吹起床号，她们却已洗过了脸，开始在化妆了。阿刘先把卷头发的夹针一个个取下来，又在头发上搽上头油，然后细磨细琢地梳着。小张在旁边走过，看了她一眼，说："阿刘真美，像陈云裳。"阿刘笑一笑说："真的吗？别乱说了！陈云裳可真美啊！"听了她们的话，我又细看一下阿刘，大眼睛，小嘴，乌黑的头发，配合着那瓜子脸，又加上口红和胭脂，真够美的。阿刘知道我在注意她，不好意思，便走过来催我起床了。

考英文以前，我几乎和阿刘吵了一场嘴。我们已经走到教室旁边，她一定要我陪她回寝室去照一下镜子。我说不必了，她不听，我就陪她回去。直到上课号吹起来了，她还在对镜梳妆。我催她快些，说："够漂亮了，还照什么呢！一天不知要照多少回镜子，多讨厌！"她一面找她的鞋刷刷她的新皮鞋，一面怪我故意欺侮她，说："别人都这样，你偏来说我！教室里有那么多人，蓬头蓬脑跑进去，不教人笑？"我告诉她，她非但不蓬头蓬脑，就是立刻去当傧相都行；我又告诉她，她的皮鞋已经亮得可以当镜子了；要是再不走，我只好不恭候了。于是她赌着气，一声不响地和我回到教室。先生已经在发考卷了。我急忙坐在位子上，看罢试题，心里还有点气，不免瞪她一眼。她一面在看试题，一面用她那在指甲上涂了大红蔻丹的纤纤素手，轻轻地理她的鬓发。

吃午饭的时候，我们发现对面桌上来了一位新同学。她那一身打扮，使我们忘了抢菜。一头卷成一个个小卷儿的头发，黑而且亮地披在肩上。正当头顶，戴着个大红绸结。脸上涂得非常红。嘴上的口红在发光。蓝布旗袍外面，松松地披着一件红绒大衣。据小何说，那大衣的式样现在最时髦，是从一张外国电影片中的女明星那儿摹仿来的。小张说："你们看，那人可像袁美云？"小何说："不。眼睛小了些。脸又太尖了。你们说她好看不好看？"阿刘说："还可以。可不能说太美。皮肤黑了点。

猪,你怎么说?"我觉得那位新同学很顺眼,随便说了一声:"漂亮极了!"阿刘便大为反感,说:"哪里是长得漂亮,还不是装扮出来的!"小张笑着说:"本来,哪里及得上阿刘美——我们的陈云裳!"阿刘说她生气了,但是脸上还带着笑。静默了一会儿之后,阿刘突然说要上街,问我可愿意陪她去。我问她去做什么。"做大衣。""做大衣?你那件大衣还很好呢。""不。一点也不好看,我不欢喜。"我说:"现在做大衣太贵,至少要六七百。有得穿就算了,何必花那么大一笔钱!"她说:"我爱花又怎么样!你不陪我去也罢了,何必来教训我!"我生气了,不再开口。小何却喊了起来:"阿刘!我陪你去。你去量大衣,我去烫头发,刚好。"她们两个只吃了一碗饭就走了。我从饭厅回到寝室,刚好遇到她们打扮得齐齐整整地走出来。阿刘的头上已多了一个花绸的结。小何穿的红短袜、红皮鞋,围着红围巾,提着红书包。我站定了,看她们两个轻快地走远去。

直到晚上自修的时候,她们两个才溜进教室里来。小何一头蓬松的头发,使全体同学骚动起来了。"小何,哪一家烫的?"小何的回答真像流水似的,又多又快。头发是"南京"去烫的,那个理发匠的手段高明极了,用的洗发水和发膏都是上等货色。同时在烫发的,只有一个比较好看,其余都平常。她最后问:"你们看,烫得怎么样?很难看吧?""不,很好。""就是稍稍蓬了点儿。""你这是什么式呀?飞机式吧?""不。现在哪里还通行什么飞机式!我也叫不出什么式,反正现在通行这种式样就是了。今天那个女主角,就烫的这种式样。——对了,我们看了电影,所以这时候才回来。阿刘,你说那女主角是不是美极了?"于是阿刘讲电影的内容给我们听,讲得非常仔细,除了故事以外,还告诉我们那女主角换了二十五套衣服,眉毛画得又弯又长,十分动人。她的话很发松,我们都笑了。这当儿,训育先生板着脸走进来了,大家立刻静默。我做代数习题,却一题也做不出来。偶然看了一下阿刘,她偷偷地告诉我:"猪!我做的大衣,和那新来的同学一模一样,你赞成吗?"我出于义务,点了一下头。

头发的故事

叶至善　叶至诚

"……这不成呀！学校的名誉要紧。督学说，全市就只有咱们没有把'剪光头'当作一件事办，他的呈报已经递上去了。其实我说也不知说过多少次了，奈何你们左也不剪，右也不剪。这学期已经结束，不必再说。假期中如何，也随你们的便。下学期却非严厉地办一下不可了。要是下学期你们还想来念书的话，那就得剪个'标准头'……"

行放学礼的时候，秃校长拉直了喉咙这么喊着，嘴角白沫飞溅。他那自命为"标准头"的秃顶摆得那么得劲，只见它闪闪地发光。

坐在下面的同学一齐把眼光集中在那秃头上，照例一声不响。本来听到不顺耳的话我们是要"嘘"的，但是像"剪光头"，我们已经听得连嘘的劲儿也没有了。

一散会，我们同房间的四个，老高，老李，矮杨，我，就走出校门。前几天的考试弄得我们头昏眼花，今天放假了，总得上城里去散散心。在路上，偶尔谈到秃校长，老高就说：

"又是剪光头，他倒还没有说厌。"他用手帕抹着头发，他的头发是两半边分开梳的。

"理他呢！假也放了。"老李轻轻地按一下他额上那一绺梳得突出的头发。

"其实剪了也好。"我接着说，我的手不由自主地把一头乱发摩了一下。

"你爱剪就剪去，真是个好学生！"矮杨立刻抢白我。

"我也不过说说罢了。秃子说了这么多次，又曾见哪个剪了来！"

真是，秃子说了这么多次，又曾见哪个剪了来？同学们都把自己的头发看作一种可以矜夸的东西。吃的可以简省，但是理发总得上头等铺子，搽头发的油也不可以不买。夜车尽管开，但是每天早晨梳头的工夫还是不能马虎。单说我们同房间的四个。老高每天早晨起来就找梳子，待把压发帽卸下，就在那凡士林几乎要淌下来的头发上又搽上两手掌的凡士林；他把头发向两边分开梳，要梳成薄薄的很平帖很对称的两片才称他的心。他的头圆而且大，加上那两薄片的头发，正像一个大皮球上放着一本摊开的书。他走在路上要是遇到一阵风，立刻就用手帕抹他的头发。他那凡士林过剩的头发确实是很容易沾灰的。

老李和老高不相上下，每天早晨也要花半个多钟头在头发上。他的头发也两边分开，可是左边较少，大致与右边成一与二之比,右边的前面梳得高高地向前突出,这是很时式的"飞机头"。然而我常常叫它"棺材头",因为我一看到他的头,就联想起不吉利的"棺材头蟋蟀"来。

矮杨起床最迟,为了头发,第一堂课常常迟到。他搽的是"巴拉芬"油,他说"凡士林太脏了"。他的头发和老李一样一比二偏重右边,但梳的是波浪式。他每次把头发梳光了,眼睛看准了镜子,把额前的一撮头发,约莫有十来根,故意弄乱,他觉得这样更飘逸,更潇洒。

至于我呢,一头长而且乱的头发,乱得几乎每一茎都打着旋。我倒并不像同学讥讽我的想学艺术家,实在是懒得梳头,懒得上理发馆。我几次想把头发剪个精光,但是我看过芥川龙之介的《鼻子》,我很能体会禅智内供那种难受的心理;并且头发剪光了,又不像禅智内供那神异的鼻子那样容易复原。然而老高却常啧啧地称赞说:"小叶的头发多自然!"矮杨也表示羡慕,他说:"要是我有了小叶这一头头发,也不用整天地梳了。"老李却说:"这是天生的呀,无可强求。"他们这样地欣赏我的头发,竟使我有些得意了,偶尔也拿起镜子来照照,用五个手指代替梳子,把长而且乱的头发向后梳去。

我们四个如此,其他的同学又何尝不如此。至少大家都没有把头发当作身外之物,要大家剪光,简直是不可能的事。所以老李接着我的话说:"要是秃子真能叫咱们把头发剪光了,我才佩服他呢!"

"剪光！嘘！"老高扮个鬼脸。

"秃子说秃子的，我们留我们的。"

"这叫作不服从运动，甘地的消极抵抗法。"

我们一路走着，对于秃子的训话，只讨论了寥寥的几句，因为谁都相信我们的头发是绝不会剪光的。

然而竟有出人意表的事。第二学期注册的前三天，我们四个一同在校门口吃了豆浆油条，正要回房间去，走过注册部门口，瞥见布告牌上糨糊淋漓地贴着一张布告，我们四个式样不同的头一齐凑近去看：

"布告者：本校为整饬纪律起见，全校学生一律须修光头。其有蓄留长发者，概不得向注册部注册。"

"怎么样？这回怕非剪不可了。"我瞅着他们三个。

"笑话，前三年就见过这样的布告了，可是……"矮杨说到这儿不再说下去，得意的眼色向我们三个的头上扫过，一面用两个手指轻轻地捻着那一撮故意弄乱的头发。

"秃子倒不怕事。"老李冷笑一声。

"真是，布告一张又一张，口头也不知说过多少回了，咱们听也听得烂熟了，然而大家的头发依然如故。"

我又滔滔地发表我的始终一贯的议论："其实呢，一定要咱们把头发剪光，固然不必；而咱们一定不肯剪光，实在也可以无须，头发……"

"嘘！"老高把右手在自己的嘴前一拂，装出一副不屑的神气，"汉奸论调！汉奸论调！"

"不过秃子真也够讨厌的。他自己是个秃子,就容不下咱们这几根头发,倒说他自己是标准头。咱们把他的头做标准,不是个个要成个秃子吗?真是发他的昏!撕掉他的鬼布告,让他知道咱们的厉害!"

矮杨说着,伸出手似乎就要行动。老李连忙一把抓住他的手。

"撕它干吗?咱们仍旧消极抵抗就是了;积极行动,在所不取。"

"对,对!消极抵抗!"我和老高同声说,"咱们仍旧当他没有这回事,一个都不剪;到那天排着队一起跑去注册,看他怎么办。"

回到房间里,大家坐将下来。老高用手帕抹着头发上的灰。矮杨用刷子刷着头发。老李对着镜子轻轻地按他的"飞机头"。我也张开五指,把长而且乱的头发梳了两下。我们差不多全忘了刚才看见布告这一回事了。

"那天"终于到了,老高老李照例一跳下床就做他们的"早课",矮杨比往常起得早些,挨在老高的前面,对着镜子做他的"波浪式"。等他们全都梳理端正,我才起床,我是没有"早课"的。

早饭以后,矮杨特别起劲,把假期内住校的同学都约齐了,一同去注册。二十几个人排成一队,浩浩荡荡地向注册部开去。刚走过穿堂,就望见注册部的小窗前,有五六个光头在那儿浮动。

"咦，谁呀！"大家不由自主地把脚步收住。

"喔，那是新生。"一个同学看明白了。

"糟糕，糟糕！"有两个同学顿足说。

"糟什么？走，走！"矮杨催促着大家。

于是一队人开到注册部的小窗前，只见里面坐着军事教官，他那副得意的神情，看了真叫人作呕。他仔细地检查那些正在注册的新生的头颅，对这个说："对，对！你的合乎要求了。"又对那个说："呀！你的不行。"他用指甲撮起那新生三分长的头发，"你看，你这样拔得起的，就不合乎要求。"一面把合乎要求的新生手里的注册文件递给坐在里面的职员。

直等到五六个光头从窗口移开了，矮杨就挨近去说：

"教官，我注册。"

"注册？你没有看到那张布告吗？"

"看到的。"

"看到的？那为什么不把头发剪去？"

二十几个人各有各的理由，二十几张嘴几乎同时叫了起来：

"头发是保护脑袋的，夏天防太阳，冬天防风。"

"教师为什么要留头发呢？为什么一定要剪光了才算有精神？"

"我们是学生，不是军人！"

"剪光了头像个老粗，多难看！"

"剪光了头,简直像个囚犯!"

"去年来的督学,他的头发不是也梳得油光滴滑的吗?"

"光头的是和尚,阿弥陀佛!"

……

教官似乎完全听清了我们的嚷嚷,他说:

"是的,是的,我知道,你们的理由都对。校方对于这件事,也并不是一定要强制你们,只是上边的要求如此,非办不可。布告上已经写得明明白白的了。你们愿意剪光,就来注册,要是一定舍不得剪,不剪也可以,好在学校不止这一所。"

二十几个人没有想到教官会说这样的话,一时气得说不出话来,都咬着嘴唇离开了注册部的窗口,三五成群地分布在校门口,走廊里,以及操场上,絮絮地谈说着。我们四个就在草地上坐了下来。

"唉!"老高叹着气,"糟就糟在这班新生。"

"不,咱们仍旧要坚持到底。"矮杨愤愤地说。

"那么,你预备考哪一所学校呢?"我问。

"考学校?发你的昏,我为什么要考学校!"

"你要坚持到底,又不预备考学校,此路不通呀!"

"等着瞧吧!"

"等着瞧?你瞧吧!注册部窗口的光头又西瓜那么一大堆了。"老李说。

"揍他们,那些该死的光头!"矮杨捏紧拳头,捶着草地。

可是我们四面望望,西瓜似的光头已经布满在学校各处了。他们也是三五成群在絮絮地谈说着,时时朝我们头上的各式长发看一眼,眼光里似乎含有嫉妒和仇恨。

到了下午,形势更糟了。我们四个正在校门口"等着瞧"的当儿,远远望见通学生王胖弟兄两个挺着光头,一摇一晃地走来。矮杨眼睛里几乎冒出火来,跑上去把王胖的肩膀一拍,说:

"怎么着?你们也剪光了!"

"我以为你们都剪光了。我接到通知说……"

"剪光?鬼才剪光呢!"

王胖不答话,带着他的弟弟径去注册了。

"唉,大势去矣!"我们四个都叹着气,眼看两个光头一摇一晃地移近注册部的窗口。

每天晚饭之后,我们四个照例要摆龙门阵,摆到九十点钟才肯歇。今天可不同了,四个人全都垂头丧气,没有劲儿。老高对着镜子端端正正地戴上压发帽,第一个上了床。矮杨和老李在枕头上铺上毛巾,也就躺下了。我把头发梳了两下,赶忙钻进被窝。

"事情竟糟到这样!"老高叹着气。

"我早就说这回非剪光不可了,"我说,"其实几茎头发又值得什么?……"

"嘘！又来发汉奸理论了。"老高把头缩进被窝里。

"真是汉奸，"老李说，"我看小叶这家伙要是生在'留发不留头，留头不留发'的时代，一定是大清帝国第一个顺民。"

他们三个接下去发挥，说剪光头如何如何的不合理，留发又如何如何的有理由。我没有参加这仅有一个反对席的辩论会。我从"留发不留头，留头不留发"这句话，联想到鲁迅的《风波》，又联想到他的《头发的故事》，想着，想着，我就入睡了。

第二天早晨我刚睁开眼，就看到老李老高两个从外面闯进来，原来他们睡不安稳，早就起来了。他们两个都咕噜着：

"……剪，剪光了就是，省了多少烦恼……"

"……这班人真泄气，说也不向人说一声，偷偷地先去剪光了……"

"谁剪光了？"矮杨从床上直跳起来。

"隔壁房里，昨晚上都去剪光了。还有三号和五号里那几个正打算去剪……"老李拿起镜子来端详他的"飞机头"。

"那么你们也打算……"矮杨回过头来，他对着镜子在刷他的波纹发。

"不剪又怎么办？大家都剪得光光生生地去注册了。你不剪，你不注册，好，校方也不少你一个呀！"老高还是用手帕抹他的头发。

"你们也……"矮杨的手指捻着额前的一撮头发。

"别说了！要抵抗得大家一条心。咱们人数既不多，又加上那批新生和通学生个个都光着头来注册，咱们还有什么办法？"老李颇表示消极。

"算了，剪就剪了。"我坐了起来，习惯地梳着我的乱发，"剪光了省事得多，几茎头发又值得什么……"

"你又来了……"老高仍是一副不屈的神气。

于是静默了一会。四个人不约而同地凑到镜子前。他们三个都叹着气。终于老李说：

"剪就剪了，咱们一起去剪吧！"

"哪一家去剪呢？"矮杨转向了。

"我说'南京'。"老高是"南京"的老主顾。

"笑话！'南京'去剪光头，我倒没见过呢。"矮杨说。

"校门对面那小理发铺不就很好了？"我于是介绍我熟识的一家，"剪光头只要二元五角。"

"那倒省钱，"老李说，"那么现在就去？"

"不成，不成，"矮杨迷恋着镜子里他自己的头，"还得去照一张相，留个纪念。"

"我也得上城里去逛一回，"老高也表示反对，"剪光了头，我是再不进城了。"

"那么明天早晨吧，"我说，"好在要到明天下午，注册才截止。"

于是矮杨立刻赶进城去照相片。老高和老李也进了城,直逛到上灯才回来。

又是一天的早晨了。矮杨第一个跳下床来,他仍旧对着镜子小心地梳他的头发,梳端正了之后,仍旧把前面一撮故意弄乱。他有气没力地说:"唉,想不到……"

这当儿老高一股劲儿跳下床来,把头上的压发帽摘下,双手用劲一撕,哗的一声成了两半。

"这劳什子留着干吗!今天俺要出家了。"

老李也下了床,拿起镜子照了一照,随即把镜子反掩在桌上,叹了一声:"唉!"

"留发不留头,留头不留发。"我吟诵着这两句,也坐了起来。

早饭过后,我们一同去剪发了。这悲壮的行列由我带领,因为我是那家小理发铺的老主顾。我当然仍是一头乱发。矮杨也梳得和以前一模一样。老高虽没有梳,因为他是戴着压发帽睡的,也还光滑。只有老李,却乱得和以前大不相同了。四个人一声也不响,像慷慨赴义的烈士,用整齐的步伐走出校门,走进那家小理发铺。理发铺里相背地摆着两对椅子,全都空着,我们就各据其一。

从镜子里,我看到那四个理发匠的脸上现出惊奇的神色,大概由于高李杨三个都是与他们不相称的贵客吧。

"剪什么式样?"

"剪光!"我们四个用悲愤的声调回答。

对于这回答，四个理发匠倒并不惊奇。他们用梳子把我们四个的头发梳得全竖了起来。四把推剪同时在四个脑袋正中推过，四个脑袋就同时有了一寸多宽的不毛之地，好像稻田中间的一条田埂。我们四个在相对的镜子中相觑苦笑，那苦笑的脸在镜子中排成两列，越远越小，以至无穷。十五分钟之后，四个脑袋都是光光的了。走出理发铺，大家举手摩着，头发根刷着掌心，有一种新鲜而爽快的感觉。然而光头到底不很美观。老高的头去掉了两片头发，圆得更像个球。矮杨头上斜搭着几个疮疤。至于老李，满头的癞疤都露出来了。

四个人就到注册部去注册。军事教官靠在窗口向我们笑，还不知趣地说："这回合乎要求了，这才是真正的光头。"

行开学礼那一天，四百多个光头挤满了礼堂，那光景正像大丛林里和尚吃斋。秃子校长走上台来，得意现于形色，他一开口就说：

"今天我真高兴，你们没有把头发带来行开学礼。其实光头又有什么难看？像我这样，多舒服！"他举手摩他的秃头，"叫我留都不肯留呢。你们剪光了，才知道光头的妙趣。今天是开学的第一天，你们的光头又是一番新气象……"

四百多个光头之中，至少有一半在轻轻地咒着"死秃子！"

过了一星期，矮杨的相片取回来了，他就贴在镜子上。他照起镜子来，看到的仍旧是留着头发的自己，那一撮故意弄乱的头发，仍旧是那么飘逸，那么潇洒。老李老高都很羡慕这相片，懊悔他们自己没有也去照一张。

我自己预定每隔一个月剪一次光头。当我第二次剪了光头，一手摩着，走进校门的时候，正逢着矮杨他们三个走出来，矮杨先开口：

"好，又剪得光光的了，真听话。"他举起手来摩我的光头。原来他的头上已经竖起寸半长的头发了，活像一只狗熊。

"管他呢！人家是好学生！"老高这么讽刺我。他的头发又加上了油，仍旧是两边分开梳，中间的几根竖起，表示不屈服。

"好！让我也来摩一下。"老李伸过手来。他的头发也长得像一片浅草了。不知怎么的，我平时没有注意，经他们一取笑，才发觉全校之中已经找不出第二个光头了；那些最先剪光的新生，头发留得更长。大家用嘲笑的眼光瞅着我，使我难堪。连先生上课的时候，也是如此。我还有剪第三次的勇气吗？

等到我的头发又长成一个乱草堆的时候，一个学期将要结束了。矮杨的头发已经和相片上一模一样。老高早就买了新压发帽，他那圆球似的头上又像摊了一本书。老李早把那反掩在桌上的镜子立了起来，每天对着梳他的"棺材头"。校方对于这情形似乎没有注意到，也许因为头发是渐滋暗长起来的缘故。

在某次纪念周上，秃子突然为了头发的事咆哮起来：

"……这不成呀！学校的名誉要紧。我已经在校长联席会议上夸过口，说咱们学校里没有一个不是'标准头'。谁知你们又偷偷地把头发留起来了。明天，督学又要来视察了，看见你们一个个油头滑脑，成什么样子！今天下午放半天特别假，你们赶快全去剪掉，这不是说说的，我要请教官来个别检查……"

寄卖所

叶至善

寄卖所是专门代人家出卖东西的。若是你有东西要卖掉，但又觉得插根草标，沿街兜售，有些不成体统，就可以把东西交给寄卖所，标上你所要的价钱。寄卖所当场出一张单据给你；待那东西卖掉之后，你可以凭单据向寄卖所取钱，只要付给他们百分之十的"手续费"好了。这多么简便。若是你想买东西，也不妨到寄卖所走走。市上买不到的东西，那儿有的是；并且都标明了价钱。只要你行情熟，眼光准，包你不会吃亏；至少也可以省掉许多讨价还价的麻烦。

两年以前，成都只有一家寄卖所，他的招牌是"××旧物寄卖所"。那位先知先觉的老板看到两年半的抗战弄得市场上太缺乏货物了，简直使人有了钱买不到要用的东西；同时也正有人需要用钱，想把用不着的东西卖掉。那卖主和买主之间，就只缺少了一个介绍人。这个时候开一家寄卖所，真是再适当也没有了。何况，"贸迁有无"本是商人的天职，"什一之利"也不能算太过。于是他租了间屋子,置办了几具柜台和玻璃橱,自己一家老幼分任了经理、账房、伙计各要职;只登了几天报,就招来了不少卖主,货物也相当可观了;这家首创的寄卖所就这么开了起来。像这样只卖出不买进的店铺,怎么教人不眼红呢?老板只要坐在铺子里,自有人把货物送上门来。根本无所谓本钱,又哪里会蚀本?即使货物卖不掉,也不必发愁,卖主自会跑来减低标价。这样不要本钱的生意,当然大家都做得,于是成都市中,寄卖所接二连三地开设起来了,其数目几乎可以和菜馆相抗衡。

我们不要忘记,两年以前的第一块招牌上是写明寄卖旧物的。那位先知先觉的老板竟也有没想周全的地方,有很多人把新货也来寄卖了。像飞机师们从香港带来的手表和自来水笔,汽车司机们从西安带来的绒线和袜子,小市民们平时囤积着的洋火和肥皂,这些都是新货。有些商人运了货物来,省得自己销售;有些小工厂出品不多,无力自设门市,也把他们的货物交给了寄卖所。招牌上写着"旧货"两字名不副实了,因而随即取消。那后来开设的,更因为要引人注目,把"寄卖所"改成了"寄卖信托所""物品寄售处""信托商行""××贸易公司信托部""拍卖所""贸易商行"……

如果到寄卖所去逛逛,那里面陈列着的货物准会使你惊叹不置。你看,从"奶粉半磅,七十元",直到"寄售建板一副,八千元,约期看货"止,一个人一生的衣食住行,寄卖所有哪一样不能供给?香港上海的各大百货公司,物品可有这样齐备?你不要嫌有些标价高得不近情理。那些东西正是市上所稀有的"无价宝"。你不用担心那价值巨万的珠宝古玩怎么会有人买。有些人赚饱了钱正怕用不出去呢。你也不要诧异那位买客买了这么多的奎宁丸怎么吃得完。明年夏天,他又会把那些奎宁丸送进寄卖所去。寄卖所鼓励每一个人做生意,投机,囤积,来适应目前的"时代潮流"。

有人这样地赞美着寄卖所:"这真是最理想最高尚的生意了。卖主自愿给他百分之十的报酬,而买主也明知道自己付出的每十块钱里,有一块是属于寄卖所的。这样赚钱多么光明,其间没有丝毫的虚伪和欺诈。"但愿真个如此。

一家经营得当的寄卖所,平均每天可以做一万块钱以上的生意。这个数目反映着战时后方人民的经济生活,要是有人预备撰一部《抗战史》的话,切不可把寄卖所忽略了。

司机们

叶至善

某报上曾经刊载过一段启事:"本报昨日本埠新闻栏内,有'司机'两字,被手民误植成'汽车夫',特此更正,并致歉意。"抗战前的汽车夫现在都称作"司机"了。我们虽然看不出这两个名词中间有什么差别,然而在他们听来,"汽车夫"这三个字就非常刺耳。要是有人当面把司机误唤成"汽车夫",那么受两个白眼还是便宜的事,说不定还要遭到严重的行动上的抗议。我们应该记住:"司机"并不是"汽车夫",正如"明星"并不是"戏子"。

抗战前那些公路上汽车夫的模样,我们还不难想起,他们一年四季都穿着灰色的制服,那顶有编号的帽子也是一刻不离头的。他们坐在司机台上,一声不响,全神贯注地向前面看着。到了一个站头,才踱到离站较远的墙角里,颤瑟瑟地吸一支"小大英"。现在的"司机"可完全不同了:他们尽可以穿了狐皮袍子或是洋纺绸衬衫坐在司机台上。那顶难看的有编号的帽子当然再也不戴了。他们谈笑自若地开着汽车,嘴里不停地抽着香烟,那香烟的牌子倒还是"小大英",不过不是抗战前的"小大英"了,那时的"小大英"是四分钱一包,而现在司机吸的却是一元三毛钱一支的。同样地,司机的身价也和那支"小大英"一样,不知增高了多少倍了。

司机们在不开汽车的时候,那就穿得整齐了。衣服的质料当然是尽拣贵重的,他们有的打扮成一个阔少,有的打扮成一个上级军官,总之,除了他们那固有的司机风度外,完全使人看不出他们到底是何等样人。他们住的是最讲究的旅馆,至于吃,那就更不用说了。有一个极有趣味的故事,现在到处在流传着,讲到他们的吃:

这故事发生在"战时的首都"。去年秋季某天,有一位特务人员正在一家菜馆里吃五元钱一客的经济饭,看到旁边桌子上有两位客人在那儿吃蟹。那蟹是由飞机从香港带来的真正阳澄湖大蟹,价钱是每只一百元。那两位客人却好像并不计数似的吃了一只又是一只。到付账的时候,连同其他酒菜共是二千余元。两位客人都从袋子里抓出大把的钞票来抢还账。看得那位特务人员不免心下疑惑起来,也就付过了账,悄悄地跟在他们后面,想看一个究竟。谁知跟了大半天,直到傍晚,他们渡江过了海棠溪,踱进汽车站去了。到这时候,那位特务人员才恍然大悟:"唔,原来是司机!"

的确,对于司机们的任意挥霍,从没有一个人看到了觉得惊奇的；也从没有一个人怀疑过他们的钱从哪儿来的。谁都知道每开一次车，他们只要带一批货，捞几条"黄鱼"，就可以弄到一大笔钱了。有了钱当然得花。所以他们尽量地穿得好，住得好，吃得好，并且还得想其他种种方法来花钱。

很有些人妒忌司机们阔绰的生活，他们愤愤地说："司机们的生活真也太……""太"吗？不见得。我们不要忽略了，公路是抗战时候后方的动脉，司机正相当于动脉中的血球。他们的使命如此重大，这一点儿享受难道就"太"了吗？

擦皮鞋的

叶至善

腰间挂个小木箱,手里拿张小板凳,专在茶馆里进出的孩子们,是擦皮鞋的。说起擦皮鞋,在西南各大都市中,也算得抗战以来的新兴行业。那时候南京方才失守,武汉的情势颇有点不稳,成批的"难童"就"流浪"到西南各大都市来了。虽然有好些个机关收养这批"国家未来的主人翁",但没有归宿的仍属不少。他们只得自力谋生,卖报、卖烟卷儿、卖皮鞋带子,或者擦皮鞋。

最初,擦皮鞋的孩子胸前都挂一条白布条,写上两个模糊的字,证明他们是"难童"。他们专在闹市口兜生意,他们低着头,看一双双的脚移过,遇见一双穿皮鞋的,就仰起脸来,堆着笑容说:"先生,擦皮鞋吗?"可是在闹市口站上五六分钟,等人家把皮鞋擦亮,有这样一份耐性的人并不多。所以到现在,擦皮鞋的专跑茶馆了。他们还是低着头,锐敏的目光向桌子底下椅子脚边扫射、搜索。在茶馆里发现一双穿皮鞋的脚本非难事。他们发现了,就走近那双脚的主人翁,不管他正在打瞌睡还是在兴高采烈地谈天,总是把手里的小板凳敲击着小木箱,"咯咯咯,咯咯咯"。只待对方懒洋洋地将脚一伸,他们立刻会意,便放下小板凳,卸下小木箱,动起手来。

坐将下来,打开小木箱,把擦皮鞋的用具和材料——几把刷子、一条布巾、一盒鞋油——全部取出,摊在一旁。又阖上箱盖,双手捧起一只皮鞋脚,端端正正放在箱盖正中凸起的踏脚上。于是刷灰,上油,擦亮。这当儿,只见两只手在鞋帮周围旋转,手段是不折不扣的"圆滑"。不上三分钟,那只皮鞋便反射出和润的光彩了。于是侧转头端详一会儿,或者再用布巾轻轻地在鞋尖上抹几下。然后捧下那只皮鞋脚,捧起另外的一只。前后只消五六分钟,两只皮鞋都面目一新了。于是收拾用具和材料,拿起小木凳,挂上小木箱,伸出手来,毫无愧怍地接受顾主的报酬——法币两元。

花两元法币擦一次皮鞋,实在算不得浪费。顾主只要懒洋洋地将脚一伸,皮鞋脱都不用脱,就擦亮了。这样又方便又价廉的事儿,真使大多数顾主满意得无话可说。只有少数,还嫌他们的鞋油用得太少。说他们只将刷子在鞋油面层轻轻地蘸两下,怕鞋油叫痛似的。可是,鞋油用多用少又有什么关系?皮鞋不是已经擦得够亮了吗?

茶客大多欢喜说话,这些个擦皮鞋的顾主当然不是例外,擦皮鞋的时候,总爱问他们些不相干的话,如"你们一天做多少生意"之类。问尽管问,他们可一味地不回

答,看样子,像是"全神贯注"于工作,所以"听而不闻"。然而有一次,可让一位聪明的顾主套出了底蕴。那顾主叹着气说:

"唉!听说鞋油又涨价了。"

这同情的话中了那孩子的意了。

"是呀,十五块一盒了。"

"十五块?你一天得用几盒?"

"两盒。一盒黑的,一盒黄的。"

两盒鞋油!照他们这样节省地用,一盒至少擦三十双皮鞋。两盒六十双,就是一百二十元一天的生意。除去本钱两盒鞋油三十元,每天有九十元的毛利(没有除去人工、伙食、折旧、利息)。三九二千七。擦皮鞋的有二千七百元一月的收入,不又要使大学教授们愤愤然了吗?

二千七百元的收入,擦皮鞋的孩子该过得不错了。可是并不。原来这个行业中也免不了剥削制度。且看那些孩子们非但衣衫褴褛,并且面有菜色,有些个因为营养过分不良,全身显得浮肿。他们中间的大半虽是本地人,胸前不挂什么"难童"的布条,但是他们又何尝不在"难"中呢?

唉,这批"国家未来的主人翁"!

物 价

叶至美

谁都在嚷东西贵,钱不经用。这年头,用钱真是个怪现象。稍稍花一点时间,去回想两三年前每样东西的价目,猪肉两角一斤,阔幅布三四角钱一尺,看一场电影只要两毛钱,怎能不惊奇我们好像跳过了几世纪又回到了这个世界上呢!

三年前的物价太便宜了,带一块钱出去,可以买满满的一篮"小菜",有鱼,有肉。那时候日子真好过,想吃点什么就吃点什么,想添一件衣服,也不用算来算去,怎么省布,怎么省钱。可是后来就不对了,物价渐渐地涨了。起先涨得还平稳,不过一角两角地涨(现在想起来,那时候涨得多么公道呀)。可是谁又不说:"不得了,肉卖三角八了!"就是只涨一分钱,到底也是钱呀。一分钱等于三个"铜板",前几年可以买一块又香又脆的大饼了。可是,嚷又有什么用,嚷到肉卖半块一斤,布卖一元多一尺,还是眼看着物价一天天地涨。

大家一看情势不对了,得了,节省点吧。肉少吃点,衣服破了，补补再穿。这年头能得个"温饱"就算了。何况吃的还不是"长素"，穿的也还见得人面。然而心中总有些不满，不免要发泄。先生们聚在一起，只说养家不容易，薪水不加，食量不减。太太们谈起来可具体得多了，从柴米油盐谈起，一直谈到用草纸，用冷水。孩子们也不是都不懂事的，生活没有以前舒服了，吃得不好，穿得破烂，电影没有得看了，读书几乎读不起了，怎么能不怨物价的高涨呢。这样一来，只要不是聋子，就会整天地听到关于"物价飞涨"的谈话，听着听着，耳朵里差不多要生茧了。

要是物价永远是一角两角地涨上去，那么谁的心都会麻木起来，认为这是当然的事。然而突变来了。距今两年前，听说昆明地方，米卖一百多一斗了，肉呢，四块多一斤，一个人吃白饭，也得一百多块一个月，别的花费，不用说了。那是什么样子的日子呀！于是到处传说。大家想象昆明人的生活，一定是瘪着肚子，穿着千疮百孔的衣服，和乞丐差不多。一边在想象，一边便害怕，要是自己住的地方也成了这种情形，怎么活下去呢？然而害怕又有什么用！眼看着各样东西一天一个价，拿了大叠钞票只换来一点点东西，自己住的地方已经跟上昆明了。这能怨谁呢？要是去买菜吧，你说："怎么，菜蔬也要几角一斤了！"卖菜的准会对你说："现在的钱算什么呀！"你看到他手里一大沓的钞票，再说什么呢？要买就不能嫌贵，年头不同了啊!

物价真是"飞"涨,隔不了多久,到处的米都卖到一百上下一斗了。一个人随便躲到哪里去过活,都得吃一百多一月的伙食。害怕倒是多余的,因物价飞涨而饿死了人倒还不大听说。怨有什么用,有效的办法,积极的是弄钱,消极的是节省。弄钱究竟不很容易,节省却谁都做得到。普通人家,用人不用了,粗粗细细的事都由自己动手。于是笑话又从这里产生了。某教授在江边挑水,跌伤了腿。某教授夫妇夜间合作倒马桶,灯笼掉进了茅坑里。大家谈物价谈到气愤的时候,总用这类笑话来换换口味,宽宽自己的心——人家教授,不是也在吃苦?

"习惯成自然",几年一过,大家的见解都有些改变了。明知谈没有用,索性不谈了。有钱的话,就是六块钱一斤的肉,十几块钱一斤的鱼,也不妨买来吃。推广开来说,想买什么,就买什么,更不用想东西是不是买贵了;过了几天准有人用艳羡的口气向你说:"你的东西买便宜了,今天我去买,已经要××了呢!"听到这样的话,心中多舒服呀!所以,尽管布卖到八九块一尺,能买几丈留着也好,谁知道明年不会涨到二三十呢?

大家的见解既有改变,市面上的情形也改变了。任你怎样贵的东西总有人买。"一块钱只能当从前几分钱用",这是大家公认的;只要听说某东西只要几块钱,谁还敢说贵?吃一次点心花二三十块也还差不多;你总得想想，卖点心的人也是穿衣吃饭活着的呀。越来越奇怪了，东西越贵，买的人越多，谁都看不起钱了。三四百一段的衣料，两百多一双的皮鞋，照样有人穿，一块多一支的纸烟，十几块一斤的糖果，照样有人吃。五六块一张的电影票，照样场场客满。谁都说，有钱的人真多呀！

　　这好像是怪现象，其实一点也不稀奇。原来有钱的人彼此在吸收钱呀。我买一丈布，给你一百块；你买一双皮鞋，给我一百块；这比例和几年前又差了多少呢？一百比一百不是等于十比十吗？只要能弄钱，照样过几年前的舒服生活吧！几年来的磨炼，把大家都弄得精明了，原来钱是活宝呀。苦来苦去，只苦了那安分守己，专靠薪水过活的人。

速 写

叶至诚

挂在墙上的时钟告诉大家,离开映的时候还有足足两个钟头。可是,每个售票处的前面都已经挤上了一大堆人。

"喂!××!帮我买一张。"幸运的后来者找着了挤在前面的熟人,赶忙打招呼,把钱递了过去。其余的后来者用妒忌、羡慕的眼光向他看了一眼。

人还是陆续不断地到来。售票处前面的空地以及戏院门口都给挤满了。没有和丈夫或者男朋友同来的少奶奶们小姐们看到这种情形,觉得自己到底比不上人家有那一份挤劲,知难而退,快快地走了。

时钟的针似乎不再移动,挤着的人都不耐烦了。"买票!"不知谁喊了一声。"买票!""买票!""买……"立刻得到了无数热烈的响应。

"到底卖不卖?""出钱的哟!""打他狗×的!""打……"从诉愿转到了诅咒。可是售票员却"以不变应万变"——座位仍旧空着。

"让我出去!"一个瘦长个子叫着。他那苍白的脸色表示出这个环境不适于他的生存了。没有人理他,大家还是挤着叫着。

售票员终于姗姗而来了。立刻,大家把拿钱的手尽量往前伸,往售票处的小洞里塞,喊着"四张!""六张!"假如这时候有一个刚从沦陷区逃亡出来的人在旁边,一定以为这里是"献金台",不然也是救国公债的购买处。

先买到票的人从人堆里挤了出来。样子够狼狈:上装的扣子散着,帽子皱得像干枣。可是他笑着,胜利地笑着,骄傲地笑着,拿着他的"战利品"向入口处走去。

成都盆地的溪沟

叶至善

岷江发源在海拔三千米的高山上，经过灌县的都江堰，就分成内外两江，两条江又一分再分，成为几条大的江河：这些江河分出无数的溪沟，网一样地密布在成都盆地上。成都盆地内十四个县份，共有田二百六十余万亩，全仗这些溪沟来灌溉。

这些溪沟有的宽六七尺，有的一丈左右；曲曲折折的，分布得非常均匀；有时分，有时合；每两条溪沟中间，还有很多一尺来宽的小沟互相沟通着。因此，每一片田至少有一面靠水。成都离灌县不到六十公里，而地面比灌县低三百米，平均一公里有五米多的水平面差；所以，虽是小小的溪沟，里面的水也活泼地流动着。在这些溪沟中，还筑得有许多堰，许多闸，随时可以调节溪沟的水量。

每到春天，灌县西面山顶的雪慢慢地融化了。溪沟里的水，就随着逐渐上涨。那时的水非常清澈，阳光直射水底，水底的泥沙和水草都跟着水面的微波在漂动。到将要插秧的时候，农人们把田犁松了，就将溪沟的下游闸住。

不一会儿,水面涨得和田岸一般齐了,只要把田岸挖一个缺口,水就哗哗地流进田里。到田里的水已足够插秧了,再用烂泥和草把缺口封住,同时开了下游的闸,让水仍旧向下游流去。

　　到了夏天,溪沟里面随处长着野茭白和菖蒲,水面就窄得多了。许多蓝翅膀的豆娘常常在水面飞翔。每当大雷雨之后,田里的水往往太多了,农人们又把田岸上的缺口扒开,让田里的水流到溪沟里去。于是溪沟变得浑浊了。若是这个夏季太阳猛烈,雨水短少,农人们又可以把溪沟里的水引到田里去。成都一带的农人,到了夏季,比别处的要省力得多。他们不必为雨水的多少焦急。除了耘稻之外,他们不再有其他的工作。午后或傍晚,时常可以见到他们三五成群,在溪沟里洗澡。溪沟两岸都栽着一行树。那种长着暗绿色的阔叶子的是桤木;那种叶子细小,长着一颗颗球形的小果实的是苦楝;还有柳树和杨树。这些树交枝接叶,遮住猛烈的日光,使溪沟上异常凉快。在这样的地点洗澡,真是太舒服了。

　　稻子黄了的时候,田里不再需要水了,农人们把水都放到溪沟里。稻子收割过后,他们又把溪沟里的野茭白和菖蒲都割去了。溪沟经过一回清除,水渐渐地澄清了,水面也渐渐地下降了,一直到冬天。

　　每当冬春之交,都江堰有一次岁修工程。那时候,上游的水给闸住了,溪沟里就只剩薄薄的一层水在流着。

这正是"农闲"的时候,农人们常常结了伴到溪沟里去捕鱼。他们在分岔处所下了闸,使上面流下来的水往一头流去。一会儿,被闸住的一条溪沟中,水流得差不多了,就用烂泥筑成一条条的土埂,把它截成若干节。先把最下一节中的水舀干,就看见那些小鲢鱼、小鲫鱼、黄蜡丁、虾,都在那干涸的溪沟底里跳跃了。像这样一节一节往上捕去,花费半天工夫,也可以捕到两三斤小鱼小虾。这样捕鱼其实是极费力的,然而也是一种取暖的游戏,农人们都欢喜做。

成都附近农人住的房屋是足够使人羡慕的,无论是草屋或瓦房都藏在深深的竹林里,竹林外面大多围绕着一条溪沟,由一条小板桥和院子相通。溪沟的流水映着竹叶的绿色,更见得清澈。农妇们汲饮洗涤,就靠这一沟清水,这又是何等便利。

成都盆地虽说是很平坦的,但是比较起来,各处田面到底有些高低。有些溪沟在田岸上流,水面比两旁的田要高上几尺,那就是去灌溉那些下游的高田的。有些地方,两条溪沟相贴着流,而彼此的水面高低相差很多。有些地方,两条高低不同的溪沟要交叉而过,那低的一条上面就架起一条石板凿成的水槽,让高的一条在槽里流过,像人在桥上走过一样。有些高坡上的田,四旁都没有水面较高的溪流,农人就用一种水力推动的水车把水汲起来。这种水车是个竹子扎成的大轮盘,田面距离溪面多少高,轮盘的直径就多少长。轮盘用木架支住,直立在溪沟上面,方向和水流相同,下面一小部分浸在水中。轮盘的周缘,每隔一尺左右扎上一小片竹席,正承着水流。水流冲激这一片片的小竹席,轮盘就转动起来了。每片小竹席旁边还缚着一节一端开口的竹筒,缚得稍带倾斜;随着轮盘的周缘向下转的时候,竹筒口向下斜;向上转的时候,就向上斜了。竹筒从溪沟中舀满了水,转到轮盘的最高顶,筒口向下斜了,水就从筒里倒出来。如此周而复始地一筒又一筒,都注在轮盘最高处的一个木槽里,然后引到高坡上的田里去。

有些地方,地面的高低突然相差很大,溪沟里的水从高处直泻下来,声音隆隆的,泡沫飞溅,居然像一道小瀑布。在这种地方,往往有人利用水力来碾米磨面。他们把一个大木轮平置在水流冲下来的地方,木轮的周围间成很多的格子。水冲在木轮的半边,木轮因为两半边所受的力不平均,就转动起来了。水力很大,这木轮可以带动很重的石碾和石磨。只要水在流着,那些碾和磨就一刻不停地转着。

这些大大小小的溪沟不是天生成的,至少也经过了人工的整理。工程的伟大,计划的周到,几乎使人不敢相信这规模是二千多年前遗传下来的。四川是天府之国,但是常常为旱灾担忧,只有成都盆地的十四个县份,因为有这些溪沟的灌溉,从没有短少过水,这又不能不佩服古人的目光远大了。

脚划船

叶至善

　　脚划船是一种用脚划动的小船，只有一个船夫。他坐在船尾齐船舷的一块木板上，在他身后竖着一块五寸宽尺半长的木板，那是给他靠背的。划船的时候，他用两支桨。一支是普通的短桨，全长不到四尺，柄作丁字形。他常把这支桨夹在左腋下，右手搁住了柄端的横木，当作舵用。有了这支桨，脚划船就用不到另外的舵了。在风平浪静的时候，他就用左手握着桨柄的中点，帮助另一支桨划动。那另一支桨就是用脚来划动的了：长约五尺余，柄的中点有一个绳圈，可以套在一根竖在船右舷的木棍上；柄端不装把手的横木，而装一块鞋底那么大的厚板，板上很深地刻着纵横的条纹。他把双脚赤了，抵在那木板上（那些纵横的条纹是防备滑脱的），身体向后靠着；把腿屈起来，那支桨就离开水面向前又打入水中；把腿伸直的时候，那支桨就在水里向后划动；他的腿这样一屈一伸，船身就前进了。在平静的河面上，一长一短的两支桨同时举出水面，又同时打入水中，溅起两朵水花，一下又一下，悠闲自在，从容不迫。

脚划船通行在浙江绍兴一带，有大小两种，船身都狭而且长，除了船尾船夫坐的地方之外，全用一节节黑色的半环形篾篷盖着。大的一种，舱里比船舷低的地方搁着两块木板，每块可以并坐两个客人。要是四个客人坐一条船，那就两个面向船头，两个面向船尾，相对坐着，实做着"促膝"。向前的座位后面，另外搁着一块板，高低齐着船舷，那是预备给客人放茶壶茶杯零食之类的。再后面有两扇小窗，把窗推开，就可以鉴赏船夫划船的特技。只要天不下雨，把舱顶上的篾篷推开，客人们可以望到那蓝色的天，蓝色的水，两岸的平畴，远处的山峰，一面喝喝茶，吃些零食，作毫无拘束的清谈。那种情味，似乎比坐乌篷船还来得有趣。

小的一种脚划船只能坐一两个客人。绍兴的四乡没有大路，也没有洋车，各处交通都仗着河道。这种脚划船就抵得马路上的洋车了。船舱里平铺着一层木板，和船舷一样高低，板上除一张草席外，就别无所有。客人们只能盘膝坐在草席上。篾篷低得使客人不得不把背弯着，所以天晴的日子，篾篷总是推开的。

有一次我从绍兴城里回乡下，不凑巧，没赶上快船，只得雇一条小脚划船。那时候天正下小雨，船夫等我一上船，就把舱顶上的篾篷推上了。篾篷之下，左右各有一个扇子形的小窗洞。我躺在草席上，从窗洞里望出去，只看到浮在水面的零乱的菱叶,和水面给雨点打起的一个个圆形的波纹。再远就是岸边的芦苇,那些芦苇似乎比平时高了许多。岸上的景物全看不到,我不知道已经到了什么地方,也不知道船正在向哪个方向行驶。篾篷给雨打得沙沙地响,一阵疏,一阵密。水面的雨声细小而清脆,也跟着疏一阵,密一阵。船头拍着浪,发出一种破裂的声音。船底的水声却是哗哗的。抬起头来,我就看到那坐在船尾的船夫。他戴着箬笠,披着棕制的蓑衣,身体向后仰着,眯着眼睛看定了前面,双手紧抱着那支短桨,两腿一屈一伸,那支长桨打着水,声音很匀调,似乎和篾篷上的,水面上的,船头的,船底的各种声音合着节拍,"啪,啪,啪,……"

谈写日记

叶至善

我从来不爱写日记。

十二三岁的时候,先生教我写日记。先生说:"日记就是记每天的事的。你们每天记一篇,到了星期六交给我看。"于是我开始写日记了。日记上写些什么呢?当然是每天的事啰。我这样写着:"早上起来,我洗脸;洗了脸,吃早饭;吃完早饭就上学校……放学回家,和张三玩了一会,就吃晚饭;吃完晚饭,依爸爸的话写一张字;写好了字,我就睡觉了。"事有这么多,日记当然是长的。每天每天我差不多都这么写着。至多把"和张三玩"改成"和李四玩",或者把"依爸爸的话写字"换上"妈妈给我吃橘子"。我写得很乏味,但这些确实是我每天的"事"。

先生看了我的日记,皱上眉头,尽把头摇着:"这哪里是日记呢?简直像记账!"

日记不是记账,那才怪呢!你试问那些写日记的人:"你记日记干什么?"多数作这样的回答:"怕有些事日子隔久了会忘却,记一记比较好些。"这不是说日记就是一本记事的账簿吗？所谓会写日记的人，不过知道一些取舍，不像我那时所写的那样啰唆罢了。他们大致是这样地写着："某月某日，天气骤冷，我穿上新棉袍了……""某月某日，老王请我去喝酒，菜很不坏，酒也好，喝得真痛快。""某月某日，头痛，大概昨晚着了凉……"这不还是记账吗？然而记账为的要清算，而这本记事的账簿却永远不会有清算的时候。就是写日记的人自己，也往往只把一笔笔的账记上，永远不再去复核了。这些账记了干什么呢？

有些人说："有许多事情太美丽了，太感动人了，我们不应该把它们忘却，所以非在日记上写下来不可。"话是不错，但是我要问：那些事情既然如此美丽，如此感动人，怎么便会忘却呢？在小孩子时代，是谁都不写日记的；但是，谁又忘记了他母亲的慈祥的脸？要把一件事完全记住，固然是件不容易的事，有许多细小枝节，日子久了，就渐渐会忘却，这正如每个人都记不全他结婚那天所接待的宾客和所吃的菜一样；但是站在他对面的新人面上的笑容，是绝不会忘却的。"忘却"正像花匠手里的剪刀，它把每枝花卉的杂乱的枝叶剪除了，留下那最美丽的花，最挺秀的枝条，最相称的叶子。《浮生六记》是多么简洁可爱呀！要是沈复当日另外写一册日记，那一定也会啰唆得使人厌烦的。

女郎们是最爱写日记的。她们怀着一种很奇怪的心理，觉得有许多话非说出来不可，可是找不到一个适当的人,可以把这些话告诉他。有话闷在心里是最不舒服的事,便只好写在日记上了。正因为这些话不便于向人说,那本日记就东藏来西藏去的,很使她们不放心。说也奇怪,很有些人专爱偷看那些日记。我倒有一个比写日记更妙的方法。且听我说个故事:从前有一个国王,他被一位仙女作弄,长了一对驴子耳朵,他羞惭得了不得,整天把长耳朵藏在皇冠里。后来他的头发太长了,不得不找个理发匠来理发。他不准理发匠把他的长耳朵告诉任何人,如果泄露了,就要把他处死。那个理发匠怀着与爱写日记的女郎们同样的心情,只觉得那奇怪的新闻尽在他喉头向上冲。最后,他在荒地上挖了一个坑,告诉那个坑说:"咱们的皇上长着一对驴子耳朵呀!"说罢,随即把泥土填满了那个坑,他才舒舒服服地透了一口气。第二年春天,那荒地上长了一丛芦苇,风吹过的时候,芦苇唱道:"咱们的皇上长着一对驴子耳朵呀!咱们的皇上长着一对驴子耳朵呀!"爱写日记的女郎呀!你们既怕人偷看你们的日记,就效学那个理发匠吧。你们尽可以放心,在现代的植物学上,已经找不到那种会饶舌的芦苇了。

很多人一天也不间断地在写日记,他们时常在人前夸耀自己有恒心。更有许多人认为写日记是一种美德。大多数的伟人不是都写日记吗?我也知道,大多数伟人都写日记,但是,他们并不是写了日记才成为伟人的。

旋 涡

叶至善

上论理课的时候,老师翻开一册六七年前的《良友画报》,指着其中的一页,用来解释他正在讲到的辩证逻辑。这一页横排着十二个女郎,她们自右至左,挨次穿着前后十二年间的时装。最右的一个,短衫,长裙,衣袖才过臂弯,看了使人想起"文明戏"来。最左的一个,长旗袍直拖到地,袖子短得差点儿没有了;可是到现在,这种式样也过时了。画片上还画着两条粗曲线,上面一条表示衣袖的长短,下面一条表示腿部露出的多少,是历年来"时装"变迁的特征。

"你们看,"老师高擎着画报说,"这儿十二个女郎,穿的是民国十三年到二十四年间历年的时装。这些时装,现在看来似乎很可笑;可是当其时,大家都觉得非常顺眼,'摩登'不过。你们先注意下面这条曲线,"他用食指沿着那条曲线自右至左慢慢地移动,"民国十三年的时候,女郎的裙子已经比先前短了些,在裙子下面,你们可以看到小半截腿。本来,先前的裙子又长又大,太不方便了。可是'矫枉过正'，接着十四年，十五年，裙子一年短一年，竟至于短过了膝盖。于是'物极必反'，旗袍忽然风行了。你们看，最初的旗袍如此长大，跟男子们的长衫几乎没有区别，不过不开衩罢了。穿了不开衩的旗袍走路，到底不很方便，这才又渐渐改短。看这一个穿的，不又将短过膝盖了吗？这时候，忽然有人自我作古，大胆地把旗袍也开了衩。既然开了衩，长些又何妨。于是旗袍又渐渐放长，大家以为愈长愈'摩登'。直到最左的一个，下摆在扫地了。然而这样的长究竟不方便，现在不是又时行短的了吗？再说历年来时装的腰身。民国初年，短衫都缝得宽大，在这画上，已经很窄小了。太窄小了可也不舒服，便又慢慢地改宽放大。宽大不能不有个限度，像这最初的旗袍，可以说到了宽大的顶点。从此又改窄收小，直到最左的一个，衣服全贴紧在身上了。可是现在，旗袍的腰身又有宽大的趋势了。"

老师结束说："世界上的一切事物，都跟服装的式样一般，在往复地变迁。不过要注意，这往复的变迁并不是钟摆式的摆动。试看如今通行的宽大的旗袍，并非民国初年的短衫，就跟最初的旗袍，式样也大不相同。所以，这往复的变迁像是波浪，一个高峰，一个低谷，后一个高峰并不是前一个高峰。或者说，像是旋涡，每转一圈，就深进一层。"

老师的话大概是对的，有许多事物的确在往复地变迁。就国产电影来说，最早是时装片，内容是"社会小说"。后来渐渐地摄起旧小说来，如《梁山伯与祝英台》之类。那时候西装还不甚风行，梁山伯穿的是长衫，戴的是小帽；祝英台呢，短衫，长裙，十足的时装。随后出现了古装片，《甘露寺回荆州》曾经轰动一时。不久剑侠片出现了，举手一指，一道白光。片中人物的服装不古不今，亦僧亦道。"一·二八"事变之后，剑侠片被禁，很出了些社会问题的片子。其后是《夜半歌声》一类变相的神怪片。这些片子里的人物都穿时装。抗战以来，古装片又风行了，《梁祝痛史》《美人计》，一一从新摄过。虽说制片厂在上海，受了敌人的限制，无路可走，只好如此；可是后方观众热烈欢迎古装片也是实情，只看电影院门口的"客满"牌就可以知道。然而正如老师所说的一样，现在的古装片并不是以前的古装片。以前是无声的，现在是有声的。这变迁决不会就此终止，推想起来，有声的剑侠片跟着就要出现了吧。那时节"嗖"的一声，白光一道，"咔嚓"一响，人头飞去。

再就妇女运动来说。我国的妇女不知从哪个朝代起关闭在家里的，民国以来，也转进了时代的旋涡。先是放足，剪发；继之走出家庭，找寻职业，抨击"贤妻良母"，参加政治活动。可是，经过并不很久，又听到"妇女回到家庭去"的口号了，又看到提倡"贤妻良母"的论文了。最近更有实际的提倡，如某大学添设"家事"科，某大学的"家政"科增加免费名额，等等。然而现在回到家庭去的妇女，究竟跟从前没有出过家庭的有所不同：从前的"家事""家政"受之于"家庭教育"，现在的"家事""家政"受之于"学校教育"。单说做菜，从前是母亲站在灶旁边，"盐不要加多了，尝尝'咸头'看"，全凭经验；现在可翻开了烹饪讲义，"加食盐一茶匙"，多么"科学化"呀！

再就文章的体裁来说。白话文经"五四"时代的提倡，渐渐抬起头来。白话诗也非常风行。大概因为线装书没有被丢进茅厕的缘故吧，在白话文占领了新闻纸的一部分，对于公文还没有下手的时候，文言复活了（其实不该说复活，因为文言根本没有死过）。高中的国文教师认为白话没有讲头，对学生说："你们自己去看看吧。"大学一年级的基本国文，读的全是文言；作文练习，以文言为主。招考的题纸上虽然注明"文白不拘"，可是写文言的，分数上总占些便宜。至于现在念文言跟以前念文言有什么不同，想来专家们一定会写出论文来告诉大家的。

这类例证，真是在在皆是，信手拈来，不费思索。《三国演义》开头儿说："话说天下大势，分久必合，合久必分。"天下大势尚且如此，何况其他。但愿每一件事物的变迁，都真的像旋涡一样，每转一圈，就深进一层。

三叶 *San Ye*

序

朱自清[①]

  这是叶氏男女兄弟三人的第二个集子。第一集《花萼》里杂文多,这一集里小说多;但是这些小说似乎还是以纪实为主。这种写实的态度是他们写作的根本态度,也是他们老人家圣陶兄写作的根本态度。圣陶兄自然给了他们很大的影响,可是他们也在反映这个写实的理智的时代。他们相当的客观和冷静,多一半是时代的表现。

  圣陶兄是我的老朋友。我佩服他和夫人能够让至善兄弟三人长成在爱的氛围里,却不沉溺在爱的氛围里。他们不但看见自己一家,还看见别的种种人;所以虽然年轻,已经多少认识了社会的大处和人生的深处。而又没有那玩世不恭、满不在乎的习气。言为心声,他们的作品便透露着这些。他们的写实并不是无情的,尽有忧愤蕴藏在那平淡里。不过究竟年轻,笔端虽然时而触着人生的深处,到了一本正经发议论,就好像还欠点儿火候。

  至善是学科学的,他的写作细密而明确,可见他的

[①] 朱自清(1898-1948),现代散文家、诗人、学者。

训练的切实。《花萼》中《成都盆地的溪沟》和《脚划船》两篇，读起来娓娓有味。本集里《某种人物》和《雅安山水人物》从大自然钻进社会里，见出人格的发展，难得的还是那么细密而明确，《雅安山水人物》里"背子"的描写便是适当的例子。至诚虽是个小弟弟，又是个"书朋友"，他的观察力和记忆力却骎骎乎与大哥异曲同工。《fǔ鱼》和《成都农家的春天》，尤其是后者，真乃头头是道，历历如画。他对于人生的体会也有深到处，如《花萼》里《宣传》篇所暗示的，意味便很长。

  但更可注意的也许是他那篇拟索洛延的小说：《看戏》。索洛延本以"孩子话"著名，还带着几分孩子气的至诚，拟来自然容易像些。可是难在有"我"。这里有他的父亲和母亲，有中国这个时代，有他自己的健康的顽皮和机智，便不是亦步亦趋的拟作了。这兄弟三人由杂文向小说进展，倒是一条平正通达的路。前些年的小品散文偏重抒情和冷讽，跟小说也许隔得远些。现在的杂文偏重在报告和批评，范围宽了，跟小说也就近了。打稳了杂文的底子再来写小说，正是循序渐进的大路。兄弟三人似乎都在向这方面努力，而至美的努力最大。

  种种小说固然巧妙不同，但是铸造性格铸造人物似乎是基本工作，就像学画的必得从木炭画下手。至美已经看到这一着。她写《门房老陈》和《江大娘》，已经能够叫他们凸起在纸上。她能够捉摸着他们单纯的特性，重复而有变化地烘托着，叫读者爱上这些人物。这些人物的世界好像跟读者隔得那么远，可是又靠得这么近似的。这就是至美的努力了。

我初次看见这兄弟三人的时候，他们还都是些孩子。记得还和他们在圣陶兄的亭子间的书房里合照过一张相来。这张照相该还在哪儿箱底下存着吧！现在看见他们长大成人，努力发展，找到了自己的路，难能可贵的是不同而同的路，我真高兴。我是乐于给他们的联珠续集写这篇序的。

    朱自清　（民国）三十三年九月，成都客中

自 序

叶至善

《花萼》辑成的时候,我们就有个愿望,把以后的习作,按着年份,每年选辑成一个集子,作为我们练习写作的纪程碑,一方面也借此鼓励自己。谁知道事实并没有所想的那么如意。我们的文字愈写愈少了,写成的又很难叫自己满意。因此,直到满了两年才选成这个集子。

这两年来,我们觉得文字愈写愈难了。动笔之前,煞费心思,总想把它写得好些,这也就是写得少的缘故。父亲说,想写得好些,正是我们进步的动力,时常不满意自己所写的,也证明我们确实有些儿进步了。我们真个有些儿进步了吗?父亲的话也许是为了疼爱我们,才给我们这个鼓励。可是,尽管我们这样地惶恐,这些文字总是我们花了一番心力的成绩,因此仍旧选辑成这个集子。正像我们手摘的花草,总舍不得随手抛弃,不免拣出几枝来,插成一瓶,并且希望旁人看一眼我们这一瓶野花。

怀着这样的心理,我们就把这个集子的原稿先请朱佩弦先生看一遍,却博得朱先生着实称赞了一番。我们很知道，朱先生的称赞，和他在我们父母亲面前赞叹我们的长成，是同样的意味。而我们也正和听到他当着父母亲的面称赞我们，有同样的高兴。

这个集子叫作《三叶》，表明是姓叶的兄弟三个的集子，并没有其他的意义。

至善 （民国）三十四年元旦

喂 蚕

叶至善

当小学生的时候,差不多每年春天都喂蚕。蚕是从校门口一个卖糖的小老头儿的担子上买来的,价钱可不便宜,二眠才过的每条卖一个铜子儿,到大眠过后,就涨到六个铜子儿。——那个时候花六个铜子儿足够买一条锡纸包的雪茄形的咖啡糖了;虽说如此,只要蚕一上市,小老头儿的糖几乎一点儿也卖不掉了,八百多个同学全把买糖的钱花在蚕身上。我买的是价钱便宜的一种,便是这一种,我也得陆续地买上一个星期才凑足三四十条。我跟同学们一样,把蚕放在大的香烟盒子里,盒盖上用小刀戳了无数小孔,生怕蚕闷死。盒子是一刻不离身边了,上课的时候放在台板底下,一下课就捧出来,跟同学们比谁的蚕长得大些,肥些。

那小老头儿在卖蚕的日子带卖桑叶。每天早晨,他背了饱鼓鼓的一大麻袋来。他那模样儿,我后来念到《李迫大梦》的时候,就在我脑际形成李迫的轮廓。同学们一见他来了,也就像那些奇异的小矮人,立刻把他包围住,全都举起小手争着把铜子儿往他手掌里塞。他嘴里模糊地嚷些什么,一手接钱,一手把连枝带叶的桑条分给同学们。桑叶从麻袋里抽出来已经揉皱了,我们在枝条上一片片地摘下来,摊平了,用手掌心仔细抹干净,然后裹在着了潮的手帕里。抹到最后一片,就把它轻轻地盖在蚕身上。一片吃得只剩几条叶脉了,才又盖上第二片。每天花两个铜子儿只能买十余片,我们不得不这么俭省。

到蚕大眠过后,桑叶的供应就起了恐慌。小老头儿还是背了一大麻袋桑叶来,一到校门口,同学们立时密匝匝地将他包围住,挤得他脚也站不稳,顷刻之间把一袋桑叶抢个精光。那些落后了的,只好把准备买桑叶的钱买了糖吃完事。我记不清那时候的糖含在嘴里是什么滋味,眼看盒子里的蚕儿饿得矗起了头在空中绕圈子,就什么也不在心上了。有些日子侥幸抢到了桑叶,也并不见得就能宽心。上课时候听着台板底下蚕"沙沙"地吃桑叶,心头固然高兴,可是下了课打开盒子一看,剩下的又只是几条叶脉了,赶忙给添上,而裹在湿手帕里的桑叶又只剩得几片了,叫人怎么能不发愁?干着急无补于事,得设法去找桑叶才对,于是每天功课完毕,同学们就三五成群地四处去找桑叶。

在上海,市区内是找不到桑树的,大路两旁种的全是洋槐和法国梧桐,私人花园大半小得可怜,哪儿有余地栽那既不能遮阴又无可观赏的桑树?因此,要找就得下乡去，无论多么远，只要听说哪儿有桑树，我们非赶去不可。有一回我找到了一棵两尺来高的小桑树，一心想掘回家来栽种。我怕伤了它的根，先用刀尖在它周围的地上画了个不能再小的圈儿，然后依着圈儿挖。我的工具只是一柄很短的童军刀，圈儿又似乎画得大了些，直挖到天黑，还是一点儿影响都没有，只得依依不舍地踅回家去。到了家里，我倒庆幸没有把那小桑树掘回来了，要在家里的水门汀天井里栽桑树，不是神话吗？又记得那时候我特别厌恶谷树，因为它很像桑树，叶子可不能喂蚕。

虽然每年喂蚕都为了桑叶煞费心机，可也从来没有把蚕饿坏过。每条蚕都能结成坚实的茧子。茧子结成后，我总舍不得用火来烤，只有一回用开水泡了，将丝卷在铅笔上。开水冲在茧子上的时候，我很难过，好像自己被困在茧子里似的，又似乎看到茧子里的蛹在无可奈何地扭动，挣扎。从此以后，我再不干第二回了。

茧子里的蛹既不忍杀死，隔不上几天，蛾儿就钻出来了。蛾儿是多么惹人爱怜的小生物啊！两片瘦削的翅膀遮掩着纯白的身体，纤小而玲珑的腿一对对地站得那么整齐，头低着，显得那么稳重自持，两颗黑得像炭一样的眼珠沉静而深湛。尤其是那两条触须，一向用来比拟美人的眉毛的，难道还有别的什么可以同它比并吗？可是蛾儿再不吃东西了，这使我比找不着桑叶更要着急。它只匆匆地泻完它的卵，等那些奶油色的卵渐渐转成深褐色的时候，它就缩起纤小的腿倒在一旁了。看了那漂亮的小尸体，我往往镇日价闷闷不乐，懊恨自己为什么多事喂那些蚕，平白地惹起些无谓的惆怅。但是到第二年春天，同学们又围着小老头儿争着买蚕的当儿，我早把这些全忘了，一心只为桑叶打主意。直到茧子结成了，才又想起那悲惨的结局来。于是把茧子抛在一个永不开的抽斗角里，以为这样总可以不再看到了。谁知几天之后，母亲无意中把那抽斗抽开了，她看到抽斗角里的破茧壳、死蛾儿和蚕卵，责骂我说："小墨，你怎么把茧子搁在这儿！大概你早把它忘了？"不，我并没有忘，我只是不忍再看那悲惨的结局。

　　进了中学之后就不再喂蚕了。一方面固然为了像我这样喂蚕，简直是枉费神思，结果又落得一场没趣，另一方面，自以为年纪大了，不该再干那些孩子们的玩意儿了。直到临毕业的那年春天，我才又喂起蚕来。那一回的蚕是一位低年级的同学送给我的。一天傍晚，我走过一座荒园的墙边，遇见那位同学正在想翻进园去。他身子太矮了，高高举起双手还是搭不着墙头，见我走过，就要我帮他一手。我说荒园里怕有蛇，问他进去干什么，他说园里有桑树。这不用问，他喂得有蚕了，我知道他为了桑叶正在怎样地焦急，于是把他托上墙头，我自己先翻进墙去，然后将他接下来。采罢了桑叶，又照样翻出来。归途上我不经心地问他喂了多少蚕，这一问却使他高兴非凡，回到校里，立刻连跑带跳地将一大盒蚕夸耀似的捧给我看，并且分了十条给我。这样一来,采桑叶不再是他一个人的事了,每天清早傍晚,我们总是两个人一路,一本正经地翻进荒园去采桑叶。

蚕大眠过后就有小指那么粗了。它们将六支头足捧紧了桑叶的边缘,一刻不息地尽把叶往嘴里塞,嘴抖颤似的嚅动着,头忽上忽下,成弧形地摆动着。看了蚕那副贪嘴的模样,使我禁不住发笑。它们一生忙碌的就只是吃,等到把桑叶的精华孕育成雪亮的丝,赶忙吐出来包围住自己。在那费尽了精力才造成的小安乐窝里住不上多久,又化装成为蛾儿,自己把它咬破了钻了出来。于是匆匆地泻卵,匆匆地死去。第二年春天,次代的蚕从卵里孵化出来,又重复那一套,匆匆地吃叶,匆匆地作茧,匆匆地化蛾,匆匆地泻卵,匆匆地死去。这样无穷尽的循环多么迫促,多么单调,多么寂寞啊!想到这些,我往往会眼看着蚕呆呆地怔上半天。

同学们见我对着蚕发愣,就讥笑我道:"叶墨真有闲情逸致呀!会考临头了,会整天喂蚕玩儿!"我只得找些话来解嘲。有时候我装作一本正经地说:"别打扰我,我正数蚕的脉搏呢!"有时候我反过来讥笑同学,说:"你看,那蚕正像你一样,头朝着天在证它的九点圆呢。"或者说:"你看,蚕的模样儿多标致!它努起了小嘴,不是像黄小姐在跟你赌气吗?"

后来蚕又结成茧子了。这一回我可没有看见蛾儿打茧子里钻出来。会考前一星期，我忽然害起猩红热来，医生说非在隔离病院里住上三个星期不可，因此不得不请求将来补考。父亲另外写了封信给一位同学，托他代我收拾书箱行李。三四天后，我收到那位同学的回信了。那是一张荒谬已极的明信片。正面除了收信人姓名住址外，再找不着一个字。反面画着两个咬破了的茧子，一只蛾儿正从茧子里钻出来，此外还画着两只蛾儿，弯弯的"蛾眉"给夸张的笔致画得过于浓重了，旁边又有无数黑点儿，无疑地表示蚕卵。右上角打着两个又粗又大的符号，一个是"？"，一个是"！"。什么意思呢？教我怎么回复这奇怪的信呢？于是两个又粗又大的符号在我病得很衰弱了的头脑中盘旋起来了。

集体创作

叶至善

"集体创作"在今日的文坛上已经有了确定的地位。可是你可知道,这种创作的方法是谁创出来的?是谁首先实行的?你必然想不到,第一个运用这种方法的是两个小学生,他们都只在十岁上下,一个叫作朱瑞庭——我永远原谅这位跟我合作的小伙伴,另外一个就是我——叶墨。让我来告诉你这是怎么一回事儿。

时间是十五年前。为考据家的便利起见,我把地点也详细地写出来。那第一篇"集体创作"产生在上海闸北尚公学校操场西边初小三年级的教室里——可惜这个小学在"一·二八"之役全给烧毁了。至于确实的日子是哪一天,恕我记不清了,因为除了过年过节,日子在孩子们的心里永远占着最不重要的位置。可是,是十五年前,准没有错儿。

那一天上作文课——每星期我们都作一次文。我们在教室外走廊里排好了队,女教师李先生走来把我们引进教室。她双手捧着一大沓作文本儿,腋下夹着一卷画儿。这使我们又高兴又轻松,因为我们知道这一回又是"看图作文"。大家眼睁睁地盯住那卷画儿,看它从李先生的腋下放到教桌上,谁也没有心思查看上回作文得了多少分数了。作文本儿一本一本发回之后,李先生才把那卷画儿展开。

那是一幅非常鲜明的画儿。画着个孩子,穿一件红柳条布的短衫,蓝布裤子。他弯着腰,背着个白布袋子,两只手紧紧地拉住袋口。袋子又旧又破,打了好几个补丁,在下面的角上,还留着个洞没有补好,一点点的黑东西打洞里漏出来。我们都能理会,这一点点的黑东西是白米。他背后跟着两只鸡,一公一母,低着头在啄那些掉在地上的米。他的右边——就是那幅画儿的背景,是一带矮墙,墙头上有两个小雀儿,看模样儿像要飞下来,分享鸡的利益。那孩子似乎并不知道米在漏出来,他只是昂着头向前走。他的脸最为可笑,眼睛眯着,眼梢上好似开着花,鼻尖掀起,下巴凸出,下唇盖住了上唇,好像为要忍住笑,特意把嘴抿得紧紧的,又加上一堆乱头发,真是再滑稽也没有了。

李先生用两个图画钉把那幅画儿钉在黑板上,回过头来说:

"今天再来一次'看图作文'。大家先把这幅画儿看清楚了——看画的是些什么,有些什么意思,然后提起笔来写。你们以前作文都有一个毛病,就是名字用得太多,譬如说,画上的小朋友名叫张三,你们写起来就是'张三背一袋米,张三向前走去,张三不知道袋子是漏的,张三……张三……'左一个'张三',右一个'张三',教人看了也心烦。你们应该把后面的'张三'改作'他'字,应该写'张三背一袋米,他向前走去,他不知道袋子是漏的……'你们想,这多么清楚。可是你们也不要尽是'他'呀'他'的,'他'到后来,看的人就会糊涂起来,不知道所说的'他'到底指谁。懂得吗?"

尽说"张三",教人看了心烦,尽说"他",又会教人糊涂起来,怎么办呢?我真糊涂了。不清楚就该举手发问,这是先生教的,我立刻将手举起。

"叶墨,你问什么?"李先生用教鞭向我一指。

我身子笔挺地站起来,我自以为想到了一个没有人想得到的问题。

"那么哪儿用'他',哪儿用'张三'呢?"我的声音很洪亮。

李先生给我难住了,她涨红了脸,眼睛瞪住我,像要骂出口来。同学们也都睁大了眼睛望着我。

"我看……"李先生捺下性子,沉吟了许久,才说,"一个'张三'后面至多用三个'他'字,要是再多的话,看的人准会搞不清楚。好,你坐下去。大家开头写吧。"

"三个'他'夹一个'张三',还得仔仔细细地数呢!"我心里正在这么咕噜着,忽然有人触我的右肘,问我说：

"你想到怎样写了吗？"

问我的是谁，不用我说，你已经猜着了，就是坐在我右边的那位小伙伴——朱瑞庭。我转过头去，只见他也眯着眼睛，抿着嘴，对我笑，神情就跟画儿上的那个孩子一模一样。

"还没有呢。"我说。我已经猜准了，他一定又想到了什么鬼念头了。

"咱们两个打伙写吧，你想一句，我想一句，商商量量的，多有趣啊！"

这是多么好的一个方法啊，我高兴得几乎跳了起来。

"好，谁先开头？"

"我来开头。"

"那么你说吧。"

"唔，叶墨，朱瑞庭，别尽说话！"

李先生在吼了，我们两个立刻低下头，把鼻子凑在摊在桌面上的作文本儿上。

"你先写在作文本儿上吧。"我放低了声音说。

我的小伙伴点点头，提起笔来在砚台上扫了两下，写道：

"有一天，张三的妈妈给他一个袋子，叫他到米店里去买一袋米。"

我觉得这句子念起来不顺口，使劲地摇着头。我的小伙伴皱起眉头望着我，那表情代替一句问句：

"哪儿不好？"

我说不出哪儿不好，可是总觉得不顺口，于是用笔指着作文本儿，意思是"让我来写"。我的小伙伴又点点头。我把笔在嘴里一润，写道：

"张三是个笨孩子。有一天，他的妈妈给他一个袋子，教他到米店里去买一袋米回来。"

我写完了这两句，转过头去望我的小伙伴。我的小伙伴点着头表示赞许。他就放下笔，右手使劲地按住作文本儿的订口，左手把写了两行的纸捏皱了，慢慢地撕下来。——要是给李先生听见了撕纸的声音，那是要罚站的。——然后把我的两句抄上，又望着我。我把下巴朝他一抬，他会意了，就提起笔来写：

"他……"

"不对。"我不得不喝住他了。他转过头来表示疑问的神气。我用笔点着作文本儿上的"他"字，逼紧了喉咙数着：

"一，二，三。"

我的小伙伴深深地点了两下头，右手按住作文本儿的订口，又想撕了。可是偷偷地抬起眼睛来朝讲台上一望，李先生正盯住他呢。他只得把"他"字涂成个墨圈，在下面写了"张三……"

就这样你一句我一句，三个"他"一个"张三"的，直写到下课铃响，我们两个把这第一篇"集体创作"写完成了。故事的大概如此:"张三打米店里背了一袋米回家。袋子本是个破的,米一路地漏出来,可是他不知道。回到家里一看,袋子里一粒米都没有了。"这似乎有点说不通,米漏光了,袋子不要见得轻吗?哪里要待到了家里才觉察?但是照画上那孩子的糊涂神情,以及米漏得那么多看起来,他在路上是漏光了也不会觉察的:我们就这样写了。交卷之前,我们还数了字数,除去标点——我们还不会好好地使用标点——共有四百多字。我们两个小作家,年纪加起来也不过二十岁,通力合作,却写成了一篇四百多字的"集体创作",并且又是破天荒第一篇,这不是个奇迹吗?

我这故事不能说到这儿就此了结,我料到你一定很想知道,李先生怎样地赞赏这第一篇的"集体创作"。

作文本儿交了上去之后,我这小小的心就一分钟都没有安定过,老是焦急地等待着,指望李先生把我们两个召进她的房间,她看看我们的脸,又看看摊开在桌子上的我们两个的作文本儿,赞叹地说:

"好,你们这一篇写得又长又好。这儿有几张格子纸,你们拿去,把这一篇好好儿誊上,我要贴在走廊里做成绩。"

把作文誊在漂亮的格子纸上,贴在走廊里,让同学们含了妒忌的眼光来看,那是荣耀不过的事儿;因而我的希望的热烈,比起正在写的这篇故事的刊载来,还要强十倍。每天李先生上课的时候,她的话我差不多一句也没有听清楚,我老是盯住她的脸,希望她在赞赏之前,先给我们一个满意的微笑。可是她的脸跟往日一样,胀鼓鼓的好似个打足了气的皮球,总看不出一丝特异的表情来。这么一天又一天的,好容易挨过一个星期。

那日子终于到来了。又是上作文课,李先生引我们进教室的当儿,我的心动荡得按捺不住,几乎要打嘴里跳将出来,在座位上坐也坐不稳,眼巴巴地望着李先生。她照例先发作文本儿,一个个地念着封面上的名字,同学们一个个地走过去接。最后李先生手里只剩两本了,她停住了,抬起头来。不用说,这两本就是我和朱瑞庭的。她干吗留着不发?你一定以为她要在全班同学跟前着实夸奖我们一番了吧?当时我也以为如此。可是一看她的脸——那张脸仍旧胀得像打足了气的皮球,我立刻明白了,完全不是那么一回事。

"叶墨,朱瑞庭!"

李先生的声音异常严厉,我们两个被她这一声喝,都悚然站了起来。

"你们两个的作文,怎么会一样的?对我说,是怎么一回事儿?"

怎么一回事儿,我在前面已经原原本本地写明白了。可是怎样才能归纳起来做个简明的回答呢?要是在如今的话,那就好了,我不用思索会脱口而出:"这是我们两个的'集体创作'。"可怜那时候我连"创作"这个词儿还没有听说过呢。我呆住了,望望朱瑞庭,我的小伙伴也正在望着我。

"说,叶墨,你们两个谁抄谁的?"李先生手里的教鞭指着我的鼻尖儿。

"他抄我的,我也抄他的。"我心里这样回答,可是没有敢说出口。这两句话不是显然矛盾吗?李先生看我哑住了,就移转教鞭,指着我的小伙伴的鼻尖儿。

"朱瑞庭,你说,你们到底谁抄谁的?"

我的小伙伴脸红得像猪肝似的,怔了好久。终于开口了:

"他抄——我——的……"他一个字一个字地说,很轻,很含糊,带着哭声。

李先生的教鞭往下一按,把我的小伙伴按在座位上,随即又指我的鼻尖。

"叶墨,你……"李先生气也不换一口,恶狠狠地大骂起来。可怜她到现在还不曾知道,她那些气力全是白费的。我的耳朵又烫又涨,嗡嗡地响得使我发昏,她骂些什么,我一句也没有听见。我的眼睛干涩到至于刺痛,她的怒容也非常模糊。直到骂累了,她才深深地抽了口气;我也深深地抽了口气。

"像你这样,还能跟旁人坐在一起吗?快坐到后面角落里的空座位上去。以后上作文课,你就老坐在那儿,看你还能抄谁的!来,把作文本儿拿去。"

我一蹩一蹩地走近讲堂，缩缩瑟瑟地接过作文本儿，回到原座位上，收拾起笔墨砚台，搬到她所指定的那个座位。临走的当儿，我看了我的小伙伴一眼。他脸朝着桌子，眼睛偷偷地抬起来望着我。我很懂得，他是在求我宽恕。我当时只知道报复，掉过脸来，全不理会他。其实我应该谅解他的，他的回答一定跟我所想的完全一样，可是他才说了一半儿，下一半儿给吓跑了。

　　李先生转过身子去在黑板上写题目的当儿，全教室同学全都回过头来看着我。我只装没有知觉，抬起了头望着窗子外面出神。我发愤这一回要写一篇更好的，更长的，要教李先生知道，我叶墨是用不着抄旁人的。

　　"他有什么好看！"

　　李先生回过头来呵斥着，同学们全都霍的一声转过身去。李先生指着黑板上的题目说：

　　"今天的题目是'蚊蝇谈话'，就是蚊虫跟苍蝇的谈话。你们先想好，蚊虫跟苍蝇见了面将会说些什么话。大家要留意，在说话的时候，蚊虫说到自己就该说'我'，说到苍蝇就该说'你'。苍蝇说话的时候，说到自己也要说'我'，说到蚊虫也要说'你'。懂了没有？"

　　这有什么不好懂的，我把笔在嘴里一润就写：

　　有一天，天晚了，苍蝇飞回家去，在路上碰到一个蚊虫，苍蝇说："蚊虫弟弟，你哪儿去？"

　　才写到这儿，突然想起来了，苍蝇说到蚊虫不是该说"你"吗？怎么写起"蚊虫弟弟"来了？我赶忙把"蚊虫"涂去，换上个'你'字，可是念来念去，"你弟弟，你弟弟"，非常不顺口。于是我怔住了，尽将笔在嘴里咬着。直咬到下课铃响，我的作文本儿上还只有这么一句。

史先生

叶至善

一天下午,大概是上学期第十一二周中的一天吧,我独自在寝室里演算草,小陈推门进来,跟我说:"你知道吗?三年级在开会哩。"

"唔,唔。"我向来不关心这些,仍旧低着头查我的对数表。

"他们要赶走史先生。"

"史先生?"我抬起头来。

"还要咱们响应他们呢。"

"响应他们?他们的理由是什么?"

"理由总不会没有吧?咱们批评先生,不是比先生批评咱们还严吗?譬如王先生教代数,一本正经的面孔,从不露一丝笑意,咱们就说他太板了,提不起咱们的兴趣来。可是李先生常常说些笑话,咱们又要说太随便了,嬉皮笑脸的,只知道鬼混。对了,史先生爱说笑话,该是他的一条罪状。"

"还有吗?"

"当然还有,至少也得凑上十条八条。好在你是级代表,等会儿他们的级代表老黄准会来找你,给你说个明白。"

正说之间,房门外一阵嗓闹,我知道三年级同学散会了。他们都压制不住兴奋的情绪,个个嚷着,使我听不清楚他们在说些什么。忽然房门开了,进来的正是三年级的级代表老黄。他面孔涨得通红,眼球上网着血丝,呼吸很急促,好像刚跑完百米赛似的。

"有空没有?我想跟你谈几句话。"他跟我说。

"有空,有空。就在这儿谈,行不行?"

"这儿?"他回头向小陈看了一眼。

小陈会意,就走了出去,顺手把房门带上。

老黄在我桌子对面的床沿上坐下,把夹在左腋下的一大沓讲义向桌上一扔,定了定神,低着头,压低了声音说:"方才我们级上开了个会,讨论的是关于史先生的事儿。"说到这儿,他抬起眼睛来,望了望我的脸色,突然把声音提高了,"我们觉得,咱们的国文不能再让史先生耽误下去了。你想,他上课全说些不相干的笑话。徐文长故事啊什么的,咱们倒听得烂熟了,至于课文,只是一知半解,似是而非。再说他选的这些个课文,毫不讲求实际,什么小唱本,大鼓词,这,这怎么能算国文!"他把讲义翻开,唾沫溅在毛边纸上,一个个淡黑色的小圆点渐渐扩大开来,"小说童话也选了不少。至于文言,简直就没有。咱们学国文,不是要做文学家啊!你看,你看,会考就在目前,接着我们还得考高中。文言简直没学过,怎么对付得过去?说的是真话呢。在我们是燃眉之急,在你们也就快了。"他把讲义一路翻下去,"至于这些个'补充教材'更不成话了。你看,苏东坡跟苏小妹互相取笑哩,欧阳修跟他外甥女儿有暧昧事件哩,这些个野史都当作教材在课堂上讲起来了。可是别小觑了这几张讲义,他老人家也费了不少心血呢。你看他总舍不得抛弃,去年发给我们的是这几张,今年发给你们的又是这几张。要是明年他教下一级的话,一定还是这几张。我们为了自己,为了你们,为了以下各级同学,不得不有这一个举动。"他顿了一顿,咂了咂嘴,又从讲义里抽出一本作文簿,随手翻将开来,"你看,我们辛辛苦苦一篇一篇地做了上去,他只在行间一阵子圈圈点点,分数也不打,批语也不加,别字倒会捉,可是是否捉尽了,还是个疑问。"他又把作文簿阖上,塞进讲义里,同时急促地吸着气。

我听他这么振振有词,只得"是,是""唔,唔"地接应着,现在他停住了,我才有机会换个方式说:"还有?"

"当然还有。不过主要的就是方才我说的几点。我们当然得多提出几点来,交给起草请愿书的同学,将来连同这讲义跟作文簿一起呈到教务主任那儿去。"他抬起头来了,眼光直逼着我,"我们的意思,希望……"

"你们的意思?"

"要你们一起干!"他斩钉截铁地说。

"一起干?但是……"

"什么?"他站了起来。

"我不能做主。我只能把你们的意思转达给我们级上。是否响应你们,还得看大家的意思。"我抬起头,看着他的脸说。

"那是当然。"他的情绪缓和下来了,"你们应该开个会,讨论讨论。"

"好吧。明儿下午完了课,我就召集个临时级会。大概也在这个时候,我给你回音。"

"好,明儿这个时候。"他弓着身子,右手的食指指着我的鼻尖,"你得对大家说明白,这是咱们的切身问题。"说着,他挟起一大沓讲义,回转身子。

"当然,我知道。"

"砰"的一声,门带上了。我茫然地站了起来,对那扇关着的门发愣。

史先生原只教三年级的国文。上学期教我们的郭先生因母病回乡,我们的国文也由史先生教了。

史先生约莫四十来岁。面色黝黑,以致粗眉毛和短髭须都不怎么显著。头似乎永远地仰着,眼睛总望着天。走起路来慢吞吞的,两只手抄在背后。又加上他那宽大的大褂,要是站在一棵松树旁边,简直像个古画里的人物。

第一个印象往往是最鲜明的。史先生教我们的第一课,教材是鲁迅的《故乡》,说到闰土出场,他把讲义和粉笔往教桌上一抛,走下教坛,站在教桌的左侧,两条胳膊垂直,一向仰着的头也低了下来,眼睛偷偷地抬起来往教桌后面一望,似乎那儿就坐着个鲁迅。

"叫一声:'老爷'。"

"哈哈哈哈……"全课堂都笑将起来。

下面又说到圆规似的杨二嫂。鲁迅也想得刁钻,将一个圆规来形容人,真不大容易理解。史先生便在黑板上画了个双脚叉开的圆规,又抛下讲义和粉笔,走下讲坛,把长褂子的下摆撩起,卷在腰里,于是两手叉腰,两腿分开,两脚跐起。

"看,这不像个圆规吗?"

全课堂又是一阵狂笑。史先生自己可仍旧板着面孔,像个老练的说书先生。

上过第一课,国文就成为我们最乐意上的一门功课,我们虽已是中学生,还脱不了孩子气,没有一个不爱说爱笑的。别的课程不是先生的面孔呆板,就是内容的分量太重,总把我们的心儿紧紧地压着,只有上国文的时候,我们才可以松一松,爽快地透口气。

史先生选的课文大多是小说和童话,都适合我们初中二年级的兴趣。诗赋词曲也选了些,还有鼓词小调之类。

他讲鼓词小调更为得劲，虽没有在课堂上唱将起来，可是念得叮叮当当的，非常好听。

史先生印发的讲义，除了课文之外，还有一种补充教材。收集的材料很别致，大部分是著者的逸闻趣事，如歌德如何失恋，莫泊桑如何自杀，王安石如何被人民称为拗相公，欧阳修如何写了两首词让人家毁谤他跟外甥女儿有暧昧事件。还印着画图呢，歌德跟绿蒂的剪影呀，丰子恺的漫画《月上柳梢头》呀，又是补充教材的"补充"。至于他口头提到的逸闻趣事，那当然更多了。我可没有想到，我们所喜欢的这些个，一一都成了他的罪状。

第二天下午有两小时作文课。铃声才停，史先生托着粉笔盒，夹着点名簿和一本线装书，像往常一样，仰起了头踱将进来。

"他知道了没有呢？"我回转头看各个同学的脸，大家都露出一种尴尬的神色，因为大家都知道课后我们要开怎样的一个会了。

史先生用黑板刷抹去了教桌上积着的粉笔灰，将点名簿和线装书放下，又慢慢地将黑板揩干净了，打开粉笔盒，取出一支整的粉笔，回过头来，把粉笔在黑板上一捺，"啪"的一声，粉笔断了半截，又将中指在鬓边搔了一搔，在黑板正中写上个题目：都跟往常不差分毫。

"也许他还没有知道。"我想。

"题目就是这个，"史先生回过头来，把用残的粉笔往粉笔盒里一抛,"要是你们觉得无可发挥,自己找个题目也行。作文本来是练习发表自己的意思。"话还是那么几句。他坐了下来。

我也像往常一样,就开始思索我的作文。可是究竟不能完全一样,我不再跟同学谈笑了,只是端详着史先生。我看他坐将下来,打开点名簿,低着头画了一阵子,就阖上了,拿起那本线装书,翻开来就看。大概还没有看完三行,又翻过几页。这样翻来覆去好几次,又把书阖上了。仰起头默想了一会,又把书翻开。眼睛对着书,可是我知道他目光的焦点并不在书上。

教室里出奇的静,往常上作文课,到处是切切的谈笑声。今天可不然,没有一个开口,没有一个动笔,全都望着史先生。也许就因为这个,史先生才生了疑心吧。

这两个钟头过得特别慢。好容易下课铃响了,史先生的神情似乎一凛,把书阖上,如释重负地呼了口气,才抬起眼睛来望我们。"怎么,全没有做好吗?那就下一堂交罢,能慢慢地做也好。或者交到我——不,不,下一堂交,就下一堂交。"他说着,托起粉笔盒,挟起点名簿和线装书,仰着头踱了出去。

我看他走远了,才站上讲台。

"诸位同学,今天召集一次临时级会,为的是……为的是,他们三年级,他们说史先生的教授方法,不……不大妥当,说要向教务主任请愿,最好换一位先生,他要咱们一起干，因为这也是咱们的切身问题。"我把昨天老黄的话，作了一番整理，省却许多形容词句，归纳出几个要点，报告了一遍。我期期艾艾地说着，眼睛不敢看坐在下面的同学，右手拈起个粉笔头，在教桌上无意识地画着，报告完了才抬起头来说："请各位发表意见。"

同学们全不作声，往日开会时候那股兴高采烈的劲儿，不知道哪儿去了。几个向来爱发言的，脸也涨红了，可是都用劲闭着嘴。此外，有的拿着笔在桌上乱画，有的对着作文簿发愣，有的瞪着眼睛，张着嘴，像一条死鱼似的。

"请各位发表意见。"

等着，等着，还是没有回声。

"没有意见吗？"

大家仍不作声。

"该是没有意见了。"我想。

"咱们现在要决定的，不过是咱们对于这件事儿取什么态度。这不能不有个表示啊。"

回答我的依然是死一样的沉默。

"怎么，大家仍旧不作声？那么我来说吧。咱们总不外乎三个方式：第一个，赞成他们，跟他们一起干；第二个，反对他们，跟他们对抗；第三个，不置可否，不闻不问，由他们干去。再没有第四个方式了。既然大家不爱说话，咱们就举手表决。赞成他们，愿意跟他们一起干的，请举手。"

没有一只手举起来。

"大家都不赞成他们。"我自言自语。接着又大声叫着:"反对他们,愿意跟他们对抗的,请举手。"

也没有一只手举起来。

"那么大家都不置可否了。不置可否也是个公正的态度。一个人对于任何事情,并不是都要有成见的。没有成见,那就不置可否了。我想咱们也来举一举手,表示咱们决心'不置可否'。好,赞成不置可否的态度的,请举手。"

还是没有一只手举起来。

"啊呀!大家连'不置可否'也'不置可否'了。"我真着了慌。这个滑稽的级会就这么一哄而散。

才走出教室,老黄便出现在我的面前。

"你们开会的结果怎么样?"

"没有怎么样,可以说毫无结果。依我看来,大家对于你们的举动都不置可否。"

"不置可否?"他腰部挺出,右手握着拳头,在左手掌里舂了两下,"你们这一级真是……"说到这儿,他把牙齿咬紧下嘴唇,恨恨地回过头去。

我们虽然决定采取不置可否的态度,可是无动于衷,不闻不问,到底还办不到。我们时时私下里向三年级同学打听,知道请愿书送到教务主任那儿去了,连同所谓"证据"的讲义和作文簿。一星期又一星期，教务主任绝不提起这件事儿。寒假却渐渐地近了。三年级的风潮也正像风潮似的平息了下去，也许他们为了学期考试更是"燃眉之急"吧。史先生照常上课，只是选了好些《孟子》《史记》的文章给我们读，补充教材改成"国学问答"，是从《投考指南》上抄来的。上课的时候，也不再像以前那么说故事了。只有一次，讲《孟子》齐人有一妻一妾那一章，也许是讲高兴了，他在黑板上写出一首嘲讽孟子的诗来："乞丐何来有二妻，邻家哪有许多鸡……"才写了两句，我们全都放声大笑起来。史先生立刻停了手，回过头来，眼睛往教务处那边儿一眇。我们心上就像罩了一口钟，立刻把笑声咽住了。

这个学期，史先生不来教我们了。我们才明白，教务主任不提起这起事儿，是因为心中早有了主意。新国文先生姓胡。他一来，学校里就另有一番热闹，演讲会呀，辩论会呀，壁报呀，剧团呀，都是新花样。三年级同学倒也爱戴他，似乎把反对史先生的理由完全忘却了。我们觉得这位胡先生也不错，不过有时候谈起史先生，心中总觉得有些不舒服似的。我想日子过得久些，也渐渐会把史先生忘记的吧。

某种人物

叶至善

要是乘公路车进某省,在将近边境的时候,就有一些人爬上车来。他们三个四个一群,站在公路中央,举手向司机一招,司机服服帖帖地立刻把车刹住,让他们上车。要是车中已经挤满了人,连门儿都无法拉开,他们就往窗子里钻,也不管踩在人家头顶上还是肩膀上;或者爬在车头上,车顶上,就这么勉强对付一下。别以为他们是司机所捞的"黄鱼";司机非但得不到他们一个子儿的好处,还得低声下气地随时向他们赔小心呢。他们是谁?他们是在某省具有潜势力的某种人物。

我说某种人物在某省具有潜势力,不能给人家一个明确的概念。倒不如举一件事实来说说。就在今年上半年,素称某省门户的某城里,这种人物中的一个要角死了,各地送丧的不知来了多少。城内城外所有的旅馆全给治丧处包了下来,专供送丧的住宿;街上的行人顿时多了若干倍,酒馆茶馆也整天挤满了人,其中大半都在衣袖上缠一条黑纱。出丧的一天,在街上鸣了四次锣,召请送丧的去吃饭，单是那一顿就开了八百桌流水席。出丧的行列，四里长的正街都排不下，足足走了半天。挽联祭帐，密密层层，沿路到处摆着路祭，鞭炮声音就没有间断过。据说当地铺子里的鞭炮都给收买一空，还派人到邻县去收呢。此外还唱了十三天的戏。这位要角死后有这么多人来送丧，就可以知道他活着的时候能够调遣多少人。他的丧事要这么花费，有这么热闹，就可以知道他活着的时候保持多大的产业，具有多大的场面。这样一想，就不由人不感到敬畏了。

可是你不要以为这种人物有如戏台上的武二花似的。我亲自见过一位要角，他不但能指挥他的后辈，还能统制他周围的好多士人。那年我正要往里面走，有人劝我说，不妨去找他一下，只要讨得他一张名片，就保证一路平安；那人还替我找了一个介绍人。我本想看看这种人物到底是怎么个样儿，自然不肯放过这个机会。介绍人带着我去了。庄子在一个大乡场附近，靠山面溪，密密的竹林围着一带粉墙，钉着铜环儿的黑漆大门前，并排八棵柳树。走进门去，是个绝大的院子，树木花卉，也布置得妥帖停当。主人迎将出来，是个身材魁梧，鬓发苍白的老人，眉目也颇不俗，穿一件栗壳色的绸袍子，态度庄重，像个戏台上的老生。我们在大厅上坐下来，两个听差一个端茶，一个递烟（是大炮台）。我端详厅中的陈设，竟忘记了是在某省的乡间，雕花的西式家具，以及丝绒椅垫，丝绒台毯，就是在西安兰州成都桂林那些大都市怕还不容易见到。四壁满挂着历年来军长师长省长县长的题字，大多是"保障一方"之类的话。上首几个玻璃书橱，整整齐齐地叠满了线装书，留神看时，是中华书局的《四部备要》。坐了没有多久，听着说饭摆好了，于是主人一步一让地把我们引进左厢房。厢房里一张桌子上，满满地摆了一桌子菜，四碟腊味，六碗大菜，其中两样是海味。主人请我们坐下了，说自己才吃过，告罪少陪了，独自走了出去；留下两个听差在一旁伺候。我打量这两个听差，都穿一身黑大绸衫裤，腰间隐隐地突出着什么家伙的柄儿，腿上绑着绑腿布，露出了一段缠着红绸子的插子柄儿。我想我走进了武侠小说中的庄子里来了。忽听得大厅中一阵喧嚷，我从镂花窗棂儿望出去，看见又来了两个客人，一个背着个沉甸甸的包裹。他们两个向主人恭恭敬敬行了个礼，背包裹的把包裹"嘭"的一声卸在桌子上。他们低声细气的不知道说了些什么，然后把包裹打开，一声响亮，满桌子摊着耀眼的银圆。只听得主人说："不能收，收不得。"两人却头也不回地只往外走。结果后面走出个账房模样的人来，把银圆收拾过了。饭后，主人跟我们攀谈了好久，从国内政治到世界大势，他都说得头头是道，竟不像是生长在这种闭塞地方的一个老人。最后他给我一张名片，上面写明了我的姓名、职业以及旅行的任务，俨然是一张护照。

其实我这张护照是多余的。我那回旅行既没带多少票子,也没带有金子和某种特产,这样寒碜的旅客,英雄豪杰是决不愿意照顾的。要是这三种东西带得相当多,那可难说了。英雄豪杰的眼线的灵活,实在令人咋舌。据说几年以前,某要员在里面住了半年,出来时乘便带些金子和某种特产。他自恃是个要员,路上不怕出事,又想行踪还是秘密些好,因此没有去设法要名片。上汽车的时候,忽然有个衣衫褴褛的滥兵一定要搭车。司机是熟悉那里的情形的,知道这些人不好惹,就由他搭了。第二天,车子开到一座时常有强人出没的松林前,那搭车的滥兵突然喝住司机停车,说他要下车;并且嘱咐司机说,得歇一支烟的时间再开,否则出了岔子他不负责;说罢,大踏步往松林里去了。车上的乘客都吓得几乎发抖,大家埋怨司机为什么搭这个滥兵,这个滥兵一定是土匪的眼线。又有人说车还是快些开,别等他们到来。又有人主张赶快开回去。那要员更是手足无措了。还是司机主意拿得稳,遵照嘱咐,掏出一支烟卷儿来慢慢地吸,等吸完了,然后把车开进松林。只见一棵大松树横挡着去路。于是停下车来,大家动手,提心吊胆地抬开那棵松树。松树抬开了,车开出松林,却毫无动静,居然平安地过了这一关。后来才知道那要员在里面和一位英雄相好,这滥兵就是派来保护他的,而事先他自己也并不知道。

有一回,我也幸亏有了一位保护人。(民国)二十九年秋天,厂里交给我五千块钱,派我到离城四十里的一个

163

乡场上去办一批杂粮。这差使使我踌躇了一会：一则因为那时候五千块钱，杂粮要买好几十担，在这偏僻的乡场上一时不容易收齐；二则这五千块钱都是五块的票子，方方正正地分作两大包包着，带着这两大包票子在路上行走，难免要露眼，要是有什么三长两短，也许还要赔上性命。厂里的一位低级办事员拍胸脯说，只要由他伴着，包管没事，因为他在这一带耍得很熟。我真是求之不得，立刻雇了两辆包车上路，和他每人夹一包票子。一路上我只觉得和他打招呼的人特别多；既然他在这一带耍得很熟，我也就毫不犯疑。到达乡场时已是上灯时分，我说应该"未晚先投宿"了，我的旅伴应声说"理会得"，就把我引进一家破茶馆，一手握住我的胳膊，连拖带拉地一直往店堂里面走。穿过了一条又暗又长的窄弄，到了一座大厅。厅中灯烛辉煌，摆着五张桌子，三桌麻将，一桌扑克，桌子四周都围满了人。我的旅伴称兄道弟地把我介绍给厅中各位。中间有一位年纪四十上下的，说是个什么管事，我的旅伴把两大包票子交给了他，向他说明来意。他立刻分派在座的说，明天某人某人去收多少担，某人某人去收多少担；一面又送茶递烟，吩咐备饭。当夜我就在后厅里歇。第二天，一担担的杂粮果然挑到茶馆门首来了。那位管事代我说价，代我过斗，还代我雇定挑夫，把杂粮发走。他说挑夫尽靠得住，不必自己押。他再三留我多住几天，我决意要走，他还请我有便务必再去耍。这不消说，那破茶馆是特种人物集会的场所。他们招待得这么殷勤，又这么出力地帮忙，真所谓"赔饭贴工夫"。这是他们以外的人所能做到的吗？至于我去的时候一路平安，那不得不归功于我的旅伴。我敢断定，和他打招呼的那些人中间，一定有几个就是英雄豪杰。

那晚上有一件事，至今还叫我怀疑不置。那晚我吃过了饭，管事的拉我打牌，我推说不会，但也不好意思上床就睡，因而坐在一旁看他们赌。厅中的人都闹哄哄的，只有在我右边的一张扑克桌旁，坐着个彪形大汉，他默默地一声不响。他洗牌，分牌，调牌，看牌，一举一动都显得过分沉着，过分庄重，使我想起斯蒂芬孙的小说《自杀俱乐部》中的那个会长来。他眼球上网着血丝，眼珠儿直盯着手里的牌，眉头皱着，眉梢竖起，太阳穴里青筋暴露，两颊泛着红色。看他的神色，好像心事重重似的。忽然外间来了个人，凑在他耳朵边轻轻地不知道说了一声什么。他就把手里的牌朝桌子上一扔，站起身来。旁边一个小伙子问道："就去吗？""就去。"那大汉的声音有点儿激昂。说着，他随手在腰间摸一摸，把黑绸大褂的下摆整一整，贸贸然地走出去了，留下来的空位置立刻有人填上。扑克还是继续打着。约莫过了七八副牌的时间，那大汉回来了，脸色更红了，像喝醉了酒似的。他挤到桌子边，坐在他原来位置上的人立刻站起，把位置让还他。他一屁股坐将下来，还是一声不响地打他的牌。他在这短短的七八副牌的时间中，出去干了一件什么事呢？我无从打听。但是我想，也许是这么回事吧。再听我说一番奇怪的经历。

这也是几年前的事了。那时我还在比较里面些的一个城里做事。城外有一条水流很急的大河。秋天水退了，河底的石滩露将出来，河面显得很窄，当地人就架起一座浮桥来，因为对河也有一些市面。一天晚上，对河有个朋友约我到他家里去吃晚饭，谁知那朋友的太太手脚非常慢，直到九点多钟才把晚饭吃完。他们夫妇两个留我住下，说太晚了，江边不很平静。我因为那晚上月色少有地好，又趁着酒兴，执意要步月回去。走到河边的时候，河上已经起了雾，对岸的山好似蒙上了一层薄纱。我正想跨下石级，一眼瞥见石滩上黑魆魆地站着六七个人影儿。一种莫名其妙的恐惧好似一阵寒风，把我的酒意全吹醒了，我赶忙把脚收住，闪在一旁。忽然"啪啪"两声，又急又锐利，似乎四山都起了回声。不一会，"扑通"，一个沉重的水波的声音，随后仍旧像先前似的寂然。我怕那五六个人要走上石级来了，赶紧循原路回去，去敲朋友家的门儿。

住在这样的环境里，可也不用怕生命没有保障。除非和他们结下不共戴天之仇，他们也不会惹谁的。并且，近年来政治方面正在制止这种势力的活动，所谓英雄事业也不再听说了。不过要完全消灭这种势力，怕还有些日子，这只要看硬搭汽车的情形，就可以知道。

雅安山水人物

叶至善

××：

　　您信上说为什么我不告诉您一些雅安的山水、人物。是的，我从没有跟您说起过这些。可惜您想得太迟了，要是您在八个月前就这么提醒我，我一定会说这说那地写上一大篇；那时候我初来到这儿，这儿的一切，我都觉得新鲜、有趣。记得来到这儿的第一天，我没精打采地跟着替我背行李的"背子"走出车站——我在汽车上受了整整八小时的拥挤和颠簸，身子很有些累了。可是到了青衣江边，猛抬头观看，不觉精神一振，眼前是一幅多么惊心动魄的图画啊！那一天整天阴雨不定，到傍晚时候却突然放晴。对江那赭色的岩石，红得那么鲜艳，小山坡上的草有了映衬，见得格外青葱。团团的黄桷树像一朵朵墨绿色的菌子，从岩石上俯下身子来。四围的高山反射出一种难以描摹的使人愉快的翠绿的光辉。山谷的阴影却异常的黑，好像木刻家用强力的刀法刻画出来似的。低下头来，是一片宽广的沙滩，铺着彩色的卵石。江水穿过卵石间直泻下去，仿佛没有底似的；水色蓝得出奇，水面上处处泛起一朵朵雪白的浪花；那哗哗的水声那么宏壮，使我的心也起了振荡。上了渡船，船随着湍急的水势划过去，一刹那间，两岸的景物全打起回旋来了，叫我不知看了哪一方好。我记得还闻到一种清鲜的水的气味。以后我屡次渡江，就不再闻到这种气味了。有时候，我感觉身子疲乏，或遇见晚晴天，我就往江边去散步，想把那美景重新领略一番；可是不知怎的，总引不起跟那天相同的感觉。

雅安多雨，经常是那种迷蒙的细雨。初来的时候，我喜欢下雨，喜欢看那蓊然的云雾从山谷间吐出来。山是淡灰色的，弥漫的白云衬托出层层的峰峦，和晴天看时全然不同。远山只剩下一个个山尖浮在云上，较近的可以看见个模糊的轮廓。这时候，每一个窗格就是一幅淡墨山水。云飘忽不定，山形也跟着顷刻千变；这不比画幅更耐人寻味吗？可是耽了不久，我就讨厌下雨了；直到现在，连那讨厌的心情都没有了，我跟本地人一样，只觉得偶然的天晴是意外的侥幸。

至于说人物，那更不容易了。满街上熙熙攘攘的全都是人物，叫我说了哪一个好？哦，想起来了，方才我跟一个背煤的"背子"谈了一阵话，就让我说说那些"背子"吧。这于您倒是很新鲜的，该不会使您感到厌烦。

一说起那些"背子"，我就想起一幅题作《人生》的漫画来。不知道您看过那幅漫画没有？画的是一个驮着个大包裹的人,他的脊梁给重载压弯了,右手支着根拐杖,左手撑在左膝盖上,在一条漫长的崎岖的山路上行进;他的头勉强抬起,眼望着路尽头射出来的一线阳光。那似乎就是"背子"们的写照。在雅安城外的山路上,随时可以看见他们,三个一组,五个一组,背上背着个木架子或是背篼,装载的煤块高过他们的头。他们伸长了颈子直望前面,正像那漫画上的人企望着前面的光明。他们右手支在一根齐膝的"丁"字拐上;为了要支稳背上的重量,两条精瘦而结实的腿摆得很开。他们一步挓一步,走得非常之慢:不,他们不是在走,简直是用三条腿在爬。走不上五步,他们停下来,把"丁"字拐垫在木架子或背篼底下,两腿支开,身子向后靠住所背的东西;这才挺一挺压瘪了的胸膛,洒一洒额角上的汗水,同时深深地透几口气。他们从不把背上的东西卸了下来休息,因为卸了下来,再背上去就太费力了。他们中间有白发苍苍的老翁,也有尚未成年的孩子;有时候长幼几辈走成一列,就好似他们每一个人的一生的缩影。山路的石级给他们祖先的脚掌磨损了;在这磨损了的石级上,将来他们的子孙还得照样地爬。像这样一代一代地下去,会不会有这么一天,那崎岖的山路给他们的脚掌踏成一条平坦的大道呢?

方才跟我谈话的那个"背子"是个十八九岁的小伙子。他整整走了三天半,从九十多里外的一个矿洞里,把一百八十斤煤背到这儿。卖掉了煤,他将要替一个商家背一批盐,回到那荒僻的山坳里去。据他说,每一个单趟可以挣四百多块钱,除了四天伙食,还有一百多块钱剩下带回家去。您一定会想:这样说来,他们的"活路"不也很赚钱吗?不,您要注意:他们的钱并不是赚来的,而是从他们刻苦的生活中省出来的。他们一路上不宿店子,天黑了,就蜷缩在凉亭的角落里过夜;渴了,就喝几口山溪里的水;饿了,就啃他们带着的干粮——玉米粑。

他们的玉米粑做得非常之硬,与砖块一般大小,两面烘得稍稍带点儿焦,黄松松的颜色,很逗人喜爱似的。他们常把玉米粑与煤块放在一块儿,因此到处都沾着煤屑。方才那"背子"一边说话,一边取出玉米粑来啃着,吃得津津有味似的。我就问他:

"你这东西是什么味道?"

他似乎不懂我的话,我不得不再问:

"这是甜的,还是咸的?"

"不甜,也不咸。"

"那么是什么味道?能不能卖个我尝尝?"我说的是真话,像我们这样白米饭吃得厌腻了的人,不是时常想弄点新鲜东西来换换口味吗?他却以为我在开玩笑呢。

"哈哈,"他笑得那么真挚,同时用好奇的眼光望着我,"你们先生,怎么能吃这个!"

这个话霎时间使我惊呆了。他知道这是"先生"们所不"能"吃的,然而他们还细细地在咀嚼着,一口一口地咽下去，仿佛没有想到他自己也该有香喷喷的白米饭吃似的。他那副满足的笑容，使我感到抗战前各个大都市里的劳工运动真有点近于"奢侈"。在那些地方，劳工们的生活和这儿的"背子"比起来，不已经有天渊之别了吗？不过，我国的社会情形就是这样子：极少数的人往前飞奔，再也不回过头来看一眼永远停留在后面的绝对多数的人了。妇女运动不也是这种情形吗？提倡和领导妇女运动的都是这几位早已剪短了头发的太太小姐们——当然，现在她们中间又有些人把头发留长了——而不是那班辛劳终生，受了骂挨了打还得忍气吞声的张大嫂黄大娘们。

话又扯到题外去了，就此打住吧。您不觉得这封信太长了吗？

小墨 三二，十二，十八

江大娘

叶至美

我们兄妹两个，住在岷江边的半山腰，使我们感到为难的是雇用人。一个月中接连换了五六个女仆，不管我们对她们将就到什么程度，她们都嫌我们这儿太冷静，又没有外快，毫不同情地回绝了我们走了。我们两个吃生饭，劈硬柴，洗脏衣服的那种狼狈情形，让住在山下的一个乡下妇人知道了，她好意告诉我们，她可以介绍一个老实可靠的老太婆来帮我们。"好，领来吧。"我们两个同时吐了一口长气，好像这副可怕的担子已经有人接了去似的。

三四天以后，一个下午，我从对江赶回家来做晚饭。走进屋子，只见哥哥躺在竹榻上看报，那种悠闲的神态是一个多月来少见的。他见着我，放下手中的报纸，笑嘻嘻地说："等人搬饭来吃吧，小姐。"

我走到厨房里，只见一个老太婆正对着炉门烧火。那时候厨房里已经暗了，火光熊熊地照着她那网满了皱纹的脸。我走近去，她瞟了我一眼，说："是小姐吧？"

一个很脏的老太婆。我看了她好久，就只有这么个结论。她头上缠一块黑布,全蒙着灰,脸跟手上有好些黑斑,像几个月没有洗过似的,一身脏衣服有不少的补缀。

"小姐刚从城里回来?"她这么问,并没有看我。

"嗯。"我看见墙脚下堆了一堆已经劈细了的柴,"你把柴劈好了?"

"这还不是一下子就做完的事?"她偏着头打量我,似乎在想:"他们说你们连柴都不会劈——真是读书人。"

一个才来的用人,就用那种老人特有的亲切口吻对我说话,倒逗得我笑了。我告诉她厨房隔壁是她的房间,她说:"早就把床铺弄好了。"

哥哥问我对这个老太婆的印象如何?"脏得很,"我说,"人倒是很老实的。"

我们对用人原是很将就的,只要替我们煮饭洗衣服就成了。见她这样,我们就雇定了她。她叫我哥哥"先生",叫我"小姐",我们都叫她"江大娘"。

在离开了母亲的这些年里,我们的"家事"一向由雇来的老妈子管。这些老妈子对我们的态度个个不同。有的敲诈欺骗,把我们两个当作大傻子;有的独断独行,把我们两个当作小学生。我们明明知道,未尝不觉得气愤,总是"将就"过去了。江大娘刚来,我们存着要做"真正的主人"的愿望,由我们吩咐她做这做那。早晨,我们还睡着,她先起来烧洗脸水;我们洗脸的时候,她就煮早饭。我们教她看那只小钟,告诉她两支针合在上面正中的时候,中午饭一定得煮好。至于晚饭的时间,可以随便一点。她听着我们的吩咐,连连应着,就走开做事去了。她的背有点驼了,走路往前一趄一趄的;两只脚虽然裹得很小,步子还快。

江大娘在我们家里做了几天,我们对她就十分满意了。

自从母亲回乡之后,所谓的家就只有我们兄妹两个。人来人往当然不少,只是些朋友跟佣工,不能算我们家里的人。江大娘来了不久,我们却感觉到她加入了我们这个家,而且成了重要的一员。离开了母亲而感到的种种不便,都从她那儿得了补偿。她不但替我们煮饭,洗衣服,并且关心我们。似乎她觉得不仅是来帮我们做事的,还负着管束我们的责任。穿少了,吃多了,她都要啰唆一两句,使我们不好意思不听她的话。有时候我们嫌她太啰唆了,装个鬼脸彼此示意,却不愿伤她的心。我们愿意让她知道,她在我们家里有这种"多嘴"的权利,我们希望她在我们这儿分享着"家"的情味。

可是我们想错了,她关心我们,管束我们,并没有要成为我们家里的一员的意思。她只是个忠心的用人。做了菜总是全部端给我们吃,她自己只去捞一碟子泡菜,加上一匙辣子。她总说:"我有菜吃。一个人吃,这就够了。"

也许她认为替主人节省是用人最大的责任,她最关心我们日常的费用。为了一两块钱的出入,她会跟卖菜的挑水的争得面红耳赤。我们想嘱咐她马虎一点,但是怕她不高兴,更怕她因此而不再过问我们的事,就只得随她了。

她非但替我们省钱,还替我们生产。我们屋后的小山上长满了野草跟荆棘。她一来就看中了那些东西。一天下午,她背了一个大竹筐慢慢地从小山上下来,竹筐里满装了干草和枯枝。我们惊奇地望着她,她却满面笑容咕噜着说:"山上有很多柴呢,我才去得一会儿,就捡满了一筐。"

一个六十多岁的老人,背着满筐的薪柴,一步步颤颤巍巍地往下移动。稀疏的白发上缀着几片干黄的枯叶,也在那儿抖动。我不知道该对她说什么,只是默默地看着她跨下那不平正的石级,走进厨房,把捡来的薪柴堆在角落里,然后解下围裙,拍掉头上的枯叶。

第二天下午,我在房里,又见她背了竹筐上山去了。我急忙跑出去阻止她。她说:"反正闲着没事做。木柴太贵了,捡些杂柴回来可以引火,也可以烧洗脸水。"我说太辛苦,她年纪又大了。"什么?人老了,连柴都捡不来了?我们乡下人,七八十岁还要挑百来斤的东西呢。"她自负地笑着,转过身子上山去了。我不知道怎么解释"与其让一个老年人那样劳动,还不如多花几个钱"的这种想法。对于这么一个节俭而又固执的老人,除了让她顺着自己的意思做去以外,还有什么方法可以使她乐意的呢?以后凡是空闲的下午,她总是背着空竹筐上山去,装满了杂柴回来。我没有再去阻止她,可是每次看到那满筐的杂柴压在她背上的时候,那不安的情绪也就紧紧地压在我心上了。

端午节的前两天,我们在吃晚饭,她跑来,笑嘻嘻地站在一旁说:"我们这儿过端午兴吃粽子。"

"我们那儿也兴吃粽子。"哥哥回答她。

"那么,明天我去场上买点糯米回来,给你们包粽子吃。只是我们乡下人做出来的,不灵巧,不好吃。"

我们兄妹两个对于糯米做的东西向来就不爱好。我们早说过,过端午节,宁可多吃点菜,绝不做粽子。可是她那么起劲,我们都不愿扫她的兴。我们说:"好吧,不要做得太多,怕吃不完。"

第二天,她等我们吃过早饭,背上背篓去赶场了。两个小时以后,就见她红着脸,喘着气,手里拄着根树枝,爬上小山来了。

她一走进屋里,忙着把背篓里的东西一件件地拿出来,糯米两升,粽叶三扎,此外就是当天吃的小菜。她从一个脏手巾包里拿出一些钱来,说:"这是多的钱,还剩二十五元。"

"你怎么不买些肉做粽子馅?"我随便问。

"什么?粽子裹肉?"她诧异地说,"光是糯米就成了,你们要讲究,吃的时候放点白糖,我只要一点儿红糖。"

她说完就走进厨房里去了。忙完了一顿中午饭,她开始裹粽子。我看着好玩,也要裹,她说我只会给她找麻烦,"算了,好小姐,看你的书去吧,等会儿你吃就是了。"

怕她老人家不高兴,我走开了。天色快黑的时候,她端来了两盘冒着热气的白粽子。

"先生,小姐,快来吃。"她放下粽子,替我们点了盏灯,"天都黑了,还看什么书。"

我们笑着坐下。她拿了白糖来。糖撒在粽子上,立刻融化了。她突然发现了糖里有脏东西,伸出她那黑黑的手指就要捡。

"好,好,我自己来。"我连忙拿起了筷子。

我跟哥哥吃着粽子,不住地赞她做得好,她笑眯眯地咧开了嘴。自己原知道是杰作,听人称赞并不是意外,可是按不住那份高兴。

"你也拿点白糖去。"哥哥让她自己拿,她只拿了半匙。

第二天,我有两个朋友来,她们都爱吃粽子。我叫江大娘端来,特地说明这是她一手做的。两个朋友也不住地称赞。她不等她们吃完,又去剥了几个来,硬要她们再吃,又连连说:"乡下人做的东西,好吃也比不上城里的。"

夏天晚饭过后,我们总在廊下乘凉。江大娘做完了她的事,端了一张矮凳,也来加入。蚊虫多的晚上,她总到山下去拔些野草来，堆成一堆，点一个稻草把，放在草堆中间，让它发出浓浓的白烟，赶开那些叮人的蚊虫。她一手拿着扇子，把烟慢慢地扇开，一面讲她的故事。透过那阵渐散渐稀的白烟，我看到她那网满了皱纹的脸泛出回忆的微笑。烟儿渐渐地升高，弥散在夜空中。江大娘唠叨的故事一幕幕地展开，弥散在我的想象中。我踏进了另外一个世界。那个世界充满了真实，俭朴，自然；生活在那个世界里的人，对于人生的变化看得那么平凡，对于心底的情感看得那么轻淡；他们所珍惜的，所重视的，只是片刻的现实。

她的身世，正如许多又老又健又孤独又贫穷的苦老太婆一样。生下来就没有人爱惜，长得才板凳那么高，就得帮娘烧饭，洗衣服。在自己家里苦了十几年，转到别人家里去，依然每天得劳动身上的每一根筋骨。孩子生下来了，跟她小时候一样脏，一样没有东西吃，没有衣服穿，一样没有人爱惜。孩子渐渐长大，男的苦得像他们的父亲，女的苦得像她自己。可是她比他们多受一些磨折；她看着自己的两个儿子一个女儿，苦苦地死去。于是她老了，孤独了，剩下一个八岁的外孙，算是她老年唯一的安慰。她疼他爱他，把有生以来埋藏在心里的爱恋都寄托在那孩子身上了。

可是，当我听她说还有一个心爱的人因而稍稍感到快慰的时候，她却轻轻地说："去年八月间，外孙也死了。"

"这样凄惨的孤苦的人生！"我不禁打了个寒噤。我注意观察她的脸，想找出真正的痛苦的表情。然而使我奇怪，她的脸仍旧那么平静，那双微微眯着的老眼，那张浅浅的裂开着的瘪嘴，似乎微笑还留在她脸上。

"什么都是命，留不住的人再也留不住。"她淡淡地说。

"你难过吗？"我问得真蠢，哥哥看了我一眼。

"难过有什么用？死的已经死了。都是命里注定的。"

是的，"都是命里注定的"，她要是不这么竭诚相信，她将感到莫大的苦痛，她的心境将得不到片刻的宁静。我默默地盯着她那布满劳苦痕迹的老脸，寻找她那宁静的表情，寻找她那顺从天命的灵魂。她抬起头望着漆黑的天空。我不愿再打扰她，我有些害怕——害怕她会从那宁静的梦中惊醒。

我跟哥哥都觉得，在我们家里，江大娘尊敬的是哥哥，疼爱的是我。我的主张她也许会提出异议，哥哥的主张她总是依从。她爱男孩子，我不怪，只怪她仿佛只爱哥哥一个男孩子似的。

我们家有两种米。学校里领来的米，又糙，又黄，杂质又多；出了大价钱买来的米，当然洁白光润。平时我们三个人吃饭，总是吃糙的那一种，等有客人来才用好米。这规矩江大娘早已知道。

有时候同学来看我，我留她们吃饭。江大娘即使已经洗了坏米,也会赶着换好的。我的客人都说我家的饭特别好吃的。可是对几个常来的哥哥的朋友,她就不守这个规矩。有时候,是她不愿意另洗一回米,哥哥还原谅她;可是有时候,朋友来得很早,她却依然用那种坏米来待客,好像故意使客人难于下咽。对于这个,哥哥很不高兴。有一回,我问她:

"为什么又用坏米?"

"还不是一样地吃。"江大娘很不服气地回答,"你也吃得,他们就吃不得?他们一个个都要吃三碗四碗。哪儿有这么多的好米留给他们吃!"

哥哥只好笑了。我也笑了。

"那些男孩子蹦蹦跳跳的野得很,我真不喜欢他们。"

有谁想过要讨她的喜欢呢?她一生又喜欢过几个人呢?把情感看得那么淡薄又那么真挚的人是难得有所爱好的。然而稀少的情形毕竟是可贵的——虽然出于一个又破又脏的老太婆。

她的坦率更赢得了我们的敬爱。有一天,空气潮湿而沉闷。有个朋友来看我,他刚坐下来就皱起鼻子嚷嚷:"什么怪味儿?你闻。"我也皱起鼻子用力地闻,果然有一股酸味,很觉难受。江大娘在旁边倒茶,不慌不忙笑嘻嘻地说:"什么气味,还不是我的汗臭。……我不像你们,天天地洗澡。"说着,她走开了。肮脏在她原不认为可耻。她这样坦率真诚,使我们很不好意思。我常常感到自己并不比她高明多少。

冬天,我们舍不得一早离开那暖烘烘的被窝。头几天,她只是老来探望,后来她可来催我们了。第一次,她站在我房门外说:"小姐,可以起来了。"我只应了一声。她见好久没有动静,第二次敲着房门大声地说:"可以起来了,洗脸水烧了又冷,冷了又烧了。"我给她说得不好意思,只好披上衣服,走出房门,看见哥哥也正在扣纽扣。两人禁不住会心地一笑,说:"来了一位娘了。"

天气很冷,她还没换上棉衣。问她为什么,她说她已经好几年不穿棉衣过冬了。我打开母亲的箱子,拣了一件旧棉袄给她,叫她马上去换。

她接过棉袄,翻来翻去看了很久。

"还很新呢,就这么穿掉可惜了。"最后她这样说。

我告诉她,把棉袄给她原为怕她受冷,她留着不穿,就等于没有给她。她连忙说:"不,不会受冷的。我是做事的人,不比你们光用心思。我就这样过了好几个冬了,没害过一回病。这件衣服我留着,做客穿。"她把棉袄叠得方方正正的,去藏好了。我没有话跟她争辩。她每天忙着忙着,什么时候会有空儿去做客呢?所以我从没有看见她穿过那件母亲已经穿了好几个冬的旧棉袄。也许到她老死睡进棺材的时候,才会把那件棉袄穿上身吧。那时候,她把一生该忙的事都忙完了,于是把头发梳梳光,把脸洗洗干净，换上一件干净体面的衣服，离开了她那个局促的、零乱的、可怜的世界，到另一个世界做客去了。但愿那个世界会好好地款待她，让她的忙累的身心得到永远的憩息，再不必脱下那件宝贵的棉袄，换上那件破烂的衣衫，像生前那样抖抖索索地忙来忙去没有个完。

冬天过去了，江大娘捡柴回来，有时候带一把鲜花，给我供在案头；有时候摘一把艾叶，做几个馍馍吃。我下课回来，伏在案上看着她插在瓶中的鲜花，尝着她端来的江米粉馍馍，感到无穷的闲趣。

暑假将近的时候，我们打算回乡去一趟，不得不考虑江大娘的去留问题。我们不知道哪天才回来，回来之后又要住到学校的宿舍里去，最后只好决定不再留江大娘了。可是我们没有正式告诉她，只在她面前屡次提起暑假中要离开的话。她淡淡地笑着说："这么热都要回去。"

最后我们决定七月半动身。七月初，我们就正式告诉她，再过半个月，我们要走了。

"真的要走了？"她问我们。

"真的，要很久才回来。"我缓和地说，怕她心中难受——其实我们心中也难受。

"你们走了，我也要走。"她平静地说。

"你到哪儿？"

"哈哈，怕没有地方去吗？"她是真的在笑，"还不是去帮人家。那边山上黄家要我去，对江杨家也要我去。"

她有路可走，我们心里诚然高兴。可是她那份儿忠诚慈爱将为黄家或杨家所得，我们未免有点儿妒忌。

"我们走了，留着有米有盐。要是你暂时不走，还够吃的。"哥哥这样说——这是我们俩的预计。

"不，用不着。"她坚决地说。

我突然觉得她对我们太理智了。为什么把人生最难受的别离，看得那么轻淡，那么平凡？难道她对我们，只是一般用人对主人那么无情，那么疏远，而她对我们的一片忠诚也只是少数工钱的代价？在她的心中有没有"情感"？难道她的心已经给六十多年人生的火焰烧成了焦炭？我望着她一手提着开水壶，一步一晃走出去的背影，不觉呆住了。

动身前的一个星期中，我跟哥哥整天忙乱着，到晚上才有工夫跟江大娘交谈几句。她对我们仍然那么关心，问我们可曾预备好了这样，预备好了那样。我接着总问她决定到哪一家去。

"不去黄家了，"有一次她对我说，"他们家人太多，我管不了那么许多。还是去杨家，他们只三个人。你们一走，我就去。"

原来她惯于把整个的心放在做用人上。不管是谁，只要是她的主人，她就得贡献她的那份忠诚。这是她的根深蒂固的伦理观念。

动身前一天，我们请两三个朋友吃晚饭，可是天不作美，下了一整天的雨，他们都来不了。江大娘忙了一天弄出来的几样好菜，只好我们自己享受了。这当然是件扫兴的事。哥哥给自己倒了一杯白酒。我突然想到江大娘也爱喝一两杯，建议叫她来同吃。

我到厨房去叫她。她先说"不可以的"，随后解下了围腰，拍掉了头上的柴灰，笑眯眯地出来了。

我们三人各坐一方，另外一方放着一盏油灯。这样平静的冷清的饯行，我们还是第一次遇到。江大娘爱吃肥肉，爱吃豆腐，那晚上都有。哥哥一连给她倒了好几杯白酒，把她脸都烧红了。她有点醉了，话唠唠叨叨的再也说不完。

"真的，好久没有喝这么多酒了。"她放下酒杯说，"前年死去的那个外孙满月那一天，我倒也喝了这么多酒。"

我怕她伤心，竭力避免接她的话，她似乎偏爱说那些伤心事。她说她男人怎么死的，她大儿子怎么病的，二儿子怎么去当了兵……于是又回到她那最疼爱的外孙。埋葬在她心头，曾经使她的心麻木的往事，酒醉以后都复活起来了，都回到了她的眼前。我跟哥哥面对面坐着，一语不发听她说。她重提这些往事，是感到苦痛呢，还是感到宣泄的舒适？从她那烧红了的脸上，烧红了的眼睛中，我实在无法辨别。

最后，她问我们什么时候上船。

"一清早。"哥哥说。

"喔,那你们睡吧。明朝我起早点,叫你们。"说着,她收拾了桌上的残肴,回厨房去了。

"真可怜!"哥哥叹息说。

我似乎更懂得这"可怜"两个字了。把隐藏在心中的痛苦,在人前暴露了一番,仅仅取得"可怜"两个字的评语。谁能想象这两个字包含多少艰辛!谁能了解取得这两个字的评语需要多少力量!

第二天,天还没有大亮,她就把我们叫醒了。跟往常一样,她端来洗脸水,端来早饭,只是把步子放得更快了些。我们把行李捆好,她就忙着下山去叫挑夫了。从窗口望出去,她两只小脚一拐一拐地在石级上搬动,一会儿,她的身影给晨雾遮住,看不清楚了。最后,我眼前只见白茫茫的一片——然而我知道,这白茫茫的一片之中,她在向前走着。

门房老陈

叶至美

两年以前，在××大学读书的杨君和我闲谈，谈到学校的小工，她笑嘻嘻地说："我们宿舍的那个门房，待我们好得了不得。我们也个个对他好。"

"嗯。"我无所谓地应着。

"上个月宿舍里遭了贼，"她很有兴致地说，"警察局把所有的工人拉去坐班房。我们给他送菜去，又去保他。关了两天，他头一个放出来了。"

虽说自己也是个女学生，听了这个话，不免觉得女学生"太重情感"了。

去年，我考进了××大学。某日下午，我坐着黄包车，带着箱子铺盖，往宿舍去。到了那儿，从门房的窗口往里望，看见一个四十开外的工人在抄写东西。

"喂，管理先生在不在？"我问。

"出去了，没有回来。" 一口湖北腔，一边说，一边还在写他的字。

我焦急着床铺的问题，希望立刻搬进去。

"新生进宿舍,非得等先生回来吗?"

"当然,要让先生规定了床铺,才可以搬进去。"他站了起来,把头伸出窗外,看看我的行李,又向我打量一下,说,"行李先放在这儿。"于是他走出来,把我的行李搬进了门房。他见我的眼光在考虑安放的位置,"放心,不会丢,"他笑嘻嘻地说,露出了一颗坏了的金牙齿,"你留个姓名,等先生回来,我告诉她,让她替你排床位。"

他又回到原位,拿起笔来。我无聊得很,看他矮矮地坐在那儿,规规矩矩,一笔一画地登记同学们寄出的挂号信。一会儿他抬起头来,对我说:"去耍一会儿吧,先生回来还早着呢。"

一个念头突然在我心头闪起,杨君说起的那个门房,这回可见着了。

在宿舍里住了一个星期,我和同学还是非常生疏,连姓名都叫不上来。最熟悉的似乎是那个门房,他的名字不断地在我耳边响着。

"我让老陈把行李搬上来。"

"我要老陈打个电报回家去,说我到了。"

"我得叫老陈替我……"

我躺在床上,看着老陈一次一次地跑进又跑出。

"×先生,你的行李。"

"×先生,你要买的东西。"

"×先生,你叫我……"

他光头，红脸，矮个子，右肩有点儿往下斜，一身粗蓝布中山服，挺挺的，也还干净，光着腿，脚上是一双土布鞋，走起路来又稳重，又迅速。他不多说话，老是笑嘻嘻的，那笑绝不含有自卑的意味，却像一个长辈看一群孩子长大起来，心中自得其乐似的。他把一件一件的事儿做得那么妥帖，让我想起了杨君说的"待我们好得了不得"的话，我相信她的话并非夸张。

一天，我经过门房，老陈把我叫住了。我正在奇怪，来了才七八天，还没有差唤过他，也没有接到过一封信，怎么他已经记住了我的姓名了？他把头伸出来了。

"城外你有熟人吧？"这一问弄得我有点莫名其妙。熟人？好像有，又好像没有。他见我愣住了，赶忙接着说："姓蓝的。"

"喔，有，"我这才知道他指的是哪一家熟人，"做什么？"

"一位女太太上午来看你，你不在房里。她叫我告诉你，星期天去她家吃午饭。"他把头缩进去了。我想要走，他又伸出头来大声说："她叫你早点去，可以多玩一会儿。"

我回转头，正看见他的笑脸的侧影。我突然感到一种亲切的情味，那最后的一句话，好像是他特地添上的。他好像一个老保姆似的，有意怂恿小孩子离开锢闭的房间，到外边去野一会儿。我默默地在街上走，后边传来重重的脚步声，我一听就知道是老陈。果然，不一会，他走在我前头了，身上挂一个褐色的布袋。我知道他是往邮局去了。

在宿舍多住了一些日子，就知道老陈是宿舍里最重要的人物，要是少了他，宿舍里会混乱到怎样程度，谁也料想得出。送信取信是他，押送碾米是他，传达管理先生与学生之间的消息的是他，关门熄灯是他，贴布告管账单是他，同学买东西，与外人礼尚往来，一切全靠他。他总是不慌不忙地、淡淡地笑着。同学们对他和气，有几分敬意；工人们对他客气，有几分畏惧。

宿舍大门每晚九点钟上锁。如果必要晚归时，可先行请假，让小工等门。这个规则大家都知道，可是谁都嫌请假麻烦，要是有事非晚一点回来不可，就只对老陈说一声："老陈，我有点儿事，九点过后才能回来，你等我一下。"他听了，总是怀疑似的淡淡一笑，反问你一声："有点儿事？"这时候，你就知道自己不会给关在大门外了。晚上回来，只要轻轻地喊几声，就有人给你开门。也许就是老陈，他开了门，往往埋怨似的说一声"不早了"。要是老陈把等门的事托给了年轻的小工，你准会看见一个睡眼蒙眬的脸相，一边开锁，一边打呵欠。

有一个时期，校外一个剧团演《日出》，晚上七点开幕，十一点散场。同学们都要去看戏，可是懒得请假，就麻烦老陈，要他等门。这样一连有三四天了。赶上我要去看戏的那一天，先生出了一张布告，说要去看戏必须先请假，然后留门，否则记过一次。我只得走进先生的办公室。

老陈也在那儿。他站在先生的桌子前，听先生跟他说话。

"你说昨天哪几个同学去看戏来着？把名字说出来。"先生拿起了笔，预备记录。

"没有弄清楚。"老陈回答。

"是你开的门，怎么会弄不清的？"

老陈想了好久，才说："有王××先生。"

"她是请了假的，我知道。还有呢？"先生显然有点生气了。

老陈禁不住笑了，说："我真没有看清楚，给她们开门，眼睛都没有睁开。"

"从今天起，再不准这样了，"先生放下手中的笔，严厉地说，"你是老门房了，学校的规矩总该知道。我虽说才来这儿，可得把什么事都弄上轨道。"

老陈只笑了一笑，望了一下站在一旁的同学，稍稍仰起头，走出去了。他那满不在乎的神态实在有趣。真是一个老门房，一个真心爱护同学，同学也敬爱他的老门房。在一个刚来管理这批学生的先生面前，受了一顿教训之后，这样满不在乎地一笑，真是最好的答复。我觉得他这一笑透露着他对同学的宠爱与偏心，以及对自己的满意与骄傲：为同学们受些委屈，这算得了什么呢？

为了晚上没有按时熄电灯，老陈也受过好几次委屈。

熄灯照例在十点。同学有事,或者想多看一会书,或者想赶制一件衣服,就到门房关照老陈,请他迟一会儿熄灯。

"什么事这样忙,白天做不完?"他会这样问。

"只迟半点钟,我来不及呢。"

他笑着走开了。可是谁都知道,这表示他已经答应了。

为了这个,先生也不止说过他一次。睡眠时间不充足,在老陈原是想不到的,正如顽固的老人,只知宠爱,小孩子爱吃,就让他吃,想不到多吃会坏肚子。后来先生一定要他按时熄灯,他就把第一次预备熄灯与第二次正式熄灯的时间隔得远些,他要让我们在第一次灯暗之后,有充裕的时候预备睡觉的事,不要待灯熄了连被还没有铺。

听同学说过,谁花钱多了,老陈也要管。同学在银行里存钱取钱,大多由他经手,如果一个月内让他取了两三回钱,他就不免要嚷着说:"前几天才取了钱,怎么又要取了!"

有一次,我得了苏州一个同学的结婚喜讯,心里很高兴,立刻写了一封贺信,想着这该是老陈出去寄信的时候了,急忙跑到门房,说:"老陈,寄快信。"

他拿起我的信看了一看,放在一旁,慢慢地说:"何必寄快信,平信还不是一样地到。"

"总要快一点呀。"我多少有点不服气,心想:连寄封信也要你啰唆!

"快吗?说不定还要慢些。"他笑嘻嘻慢吞吞地说,同时又提起笔来登记同学们发出的信件。一会儿，他又用说笑话的口气说："你要多花些邮票，还不是可以。"

给他这样一说，我觉得不大好意思，只好搭讪着说："邮票贴好了，撕下来也麻烦。——你这样一封一封地登记，不嫌麻烦吗？"

"不，"他说，"天天做惯了。"

同学寄信往往就那么扔给他，有的没有贴邮票，有的连口都没有封。老陈就替她们封好，贴上邮票，又记下某月某日某人寄信用多少邮票，钱到将来一总收。

他干这些工作成为兴趣了。我看他翻着一个个的信封，归了类，放进袋子里，带些夸耀的口气说："天天有这么些信。"然后把袋子挂上身，一步步地走出校门。我觉得让这么个好人说我浪费，不免有些惭愧。他那种平淡的好意的劝告，又使我感到不安。要是对他自己的子女，该不会这样温和吧？免不了有时候骂他们几声，训他们几句吧？可是他对我们，老是那么和气，即使有什么不满意的事，也只轻微地说一两句，笑一笑，就算了。好像他与我们之间，还隔着些什么似的。也许就是"门房"两个字吧。正因为这样，使我们觉得他的态度更可亲近。

又有一次，我在门房里封了信出来，老陈把我喊住了。

"胡先生，拿两包花生米来。"

我看他笑嘻嘻的，不知道是怎么回事。

"拿两包花生米来，调回你的东西。"他还是那副神情,我还是莫名其妙。他把一支钢笔扬了扬,我才明白我把钢笔忘在他桌上了。于是我笑了,他也笑了。原来他也沾染了同学间的习俗,捡了人家的东西要调东西吃。我就在大门口买了两包花生。

他见我真个买了,立刻涨红了脸,不好意思地说:"说说玩的,谁真要花生,你自己吃吧。"

我怕他一定不要,连连说:"好玩的,好玩的。"

"我吃一包。"他把钢笔递给我,又退还我一包花生,"以后可得好好留心,再让我捡到还要你买饼干呢。"

我原知他要说我几句,没想到他还在不满意前一天的事。前一天,有个同学在教室里丢了一支钢笔,给男同学拾去了,认领回来,叫老陈买一斤饼干去谢他。

"什么?用得着一斤饼干!"老陈很不满意地说,"十块钱的花生足够了。"

那同学觉得十块钱花生太少,还是掏出三十几块钱,买一斤饼干。老陈虽然接了钱,他那神色却显出老大不愿意。

我接了钢笔,觉得很不好意思。心想买两包花生米原只是好玩,却又让他嫌我花钱随便,仿佛自己又做错了一件事。幸好不一会儿,他打开了那包花生,一颗颗地送到嘴里,我心里才轻松了一些。

我只见老陈发过一次脾气。有一天,他上邮局取信,回来得特别晚,午饭已给工人们吃得精光。他大概是累了，又饿了，于是涨红了脸，骂着厨子："什么事也不管，煮饭都煮不合适！"同学见这情形，觉得过意不去，就叫厨子打米，现给他煮饭。

他对别的小工像个德高望重的老长辈：命令他们工作，把工作分配给他们，他们无有不服从的。每天晚上，几个年轻的小工都要出去耍一会儿，他就一个人守着门房。我们在晚上走过门房，常常很自然地朝里面望一望。静悄悄的灯光下，他一个人看着一张两三天前的报纸，或者低着头一笔不苟地给他儿子写信。据说，他家里种有十来亩田，儿子都长大了，能做事了。他若要回去过些安逸日子，未尝不可以。可是他甘愿在这儿当个门房，一切都做得头头是道，毫不厌倦。他的职务就是他的兴趣，在同学对他的亲切之中，他得着了无穷的安慰。

快要放假的那一个月间，同学忙着看书，准备考试，便把什么事都交给老陈去办。欢送毕业同学会的大部分事务，都由他经办。开会那一天，前几年毕业的校友回来参加，见了老陈特别亲热。老陈笑嘻嘻地跟她们说话，就像老太太见到了回娘家的女儿。

放假了，同学们一批一批回家，几乎都由老陈替她们雇好了车，搬上行囊，笑嘻嘻地送她们离去。他知道离去的人中，多数是要回来的，他将来还得为她们忙碌。就是那些不再回来的，她们也会惦念着他，把他保留在记忆中。何况，将来还有一批新来的人够他忙碌的呢。

大 衣

叶至美

女儿看见旁人穿上了大衣，朝母亲说："我也要做件大衣。"母亲不回答，似乎没有听见。

过了几天，母亲开箱子，取出一条灰色毯子，翻来翻去看了半天才朝自己说："好吧，就让她做一件吧。"

这条毯子，祖父生前每个冬天都要用，年月多了，颜色转了黄，黄里又带着些乌，看来不干不净的，可仍然是条好毯子：绒毛给磨光了，四边的玄缎只剩些丝丝，但是本身还有一两分厚，而且没有一个小洞眼儿。祖父爱惜这条毯子，看见好太阳就取出来晒，放进箱子里，决不忘记搁点儿樟脑。祖父去世之后，母亲保管，跟祖父一样地仔细。

女儿嫌毯子的颜色不好看。父亲说："现在市上通行的正是这种灰黄色的大衣。"母亲说："颜色虽差些，却是道地的外国货，俄罗斯出品，现在市上哪儿买得着这种坚实的料子。只要式样时新，还不是件好大衣！"

"好吧。"女儿委屈地点点头。

母亲预备好了针线刀尺，开始裁剪。一剪刀下去，破坏了这条毯子保持了三十多年的完整。

　　整整缝了六天，把母亲累坏了。女儿花头多，领子要圆的，袋口要斜的，肩头要耸起的。母亲缝了又拆，拆了又缝，白费了许多时间，也白费了许多棉线。父亲在旁边说："可以了，可以了。"女儿总是嫌这嫌那的。好容易一一点头通过，可是头点得都不大痛快。大衣总算完工了，母亲的腰也酸了，指头也刺痛了。

　　女儿穿上新大衣，头抬上低下，转来转去，怀疑地看着自己。又在父亲母亲面前走来走去，侧身弯腰，做种种姿势。

　　"领圈太大了吧？"女儿的颈脖在衣领中转动。

　　"不，正好。"父亲立刻回答。

　　"袋口开高了吧？"女儿的两手插进口袋。

　　"不，插手刚合适。"父亲又立刻回答。

　　"肩头耸得太高了吧？"女儿的头向左向右，一双眼珠子来回地往两边瞟。

　　"不，不，现在就通行这个式样。"父亲不等她说完就把她挡住。

　　女儿不再作声了。母亲轻轻地叹一声气，收拾起桌上的碎料残线。

　　女儿总想看看自己穿了新大衣成个什么样儿，她把镜子拿在手中。可是镜子太小，见了左肩见不着右肩，见了前胸见不着两袖。把镜子放远些，也还是顾上不顾下的。

她废然地放下镜子,重新驱遣自己的眼睛,尽在自己身上打量。

吃晚饭了,女儿把新大衣脱下,小心地铺在床上。吃过了饭,又穿上新大衣,再自己打量。"到底什么样儿呢?"她的眼睛不能给她个回答。她苦闷极了,过了一会,好像突然想起了什么,出了大门。

她到了最热闹的街道,那儿多的是大商店。打大商店的玻璃橱窗里,她要好好地看一看自己穿上了新大衣的整个模样儿。

她站在一家百货公司的玻璃橱窗前。怎么,橱窗里不见有她自己!电灯照得那么亮,只见口红管儿像一排子弹,纱围巾折成春天的大蝴蝶,搪瓷的漱口杯跟脸盆仿佛象牙雕的,鹅黄的湖绿的玫瑰红的衣料直挂下来,宛如一道奇丽的瀑布。啊!橱窗正中站着个人体模型,披一件玄色丝绒大衣,那闪烁的光彩,那柔和的线条,那精致的缝工,似乎凑合成一句夸耀的言辞:"看我这件大衣!"她不敢多看,就走开了。

她站在一家糖果店的玻璃橱窗前,还是不见她自己出现。灯光不但在点心糖果上涂了一层光彩,似乎把甜津津的滋味也照了出来。只见一只手拿着个发亮的点心夹,正夹起一块涂满奶油的蛋糕。她的嘴立刻起了反应,咽下了一口唾液。

她知道在大商店的玻璃橱窗前只有失败,就拐个弯,走进一条比较冷静的街道。

那街道上也有店铺,那些店铺也有玻璃橱窗,可是那儿的电灯不怎么亮,沉沉欲睡似的。

她走到一家皮鞋铺前,对准那矮矮的橱窗,做个准备姿势,然后抬起头来望。"有了!"她看见了自己的身影。正要仔细端详,一个店伙迎了出来,带着笑脸说:"请进来看吧。"她怔了一下,只得走开。

她向前走了一会,又看中了一家布店的玻璃橱窗,刚停住步,就见两个伙计似乎要迎将出来。她想"不对",又拔脚走开了。

她终于找到个称心的玻璃橱窗,尽可以照,不致受人打搅。那是一家理发店,里面点着一盏昏暗的电灯。两个理发匠都在打瞌睡,不走进去,他们该不会醒过来。她放了心,舒一口气,站住了。

她朝玻璃橱窗望了一眼,果然看见了自己的身影。"这回可成功了!"可是,怎么的!大衣的两个肩头一高一低,两个袖子一肥一瘦,模样儿简直怪极了。衣领的两个角儿翻在胸前,像两只猪耳朵。啊!两个口袋也不对,高低不齐,阔狭不等,缘口又都是弯曲的。三颗纽扣儿,第一颗跟第二颗离得那么开,第二颗跟第三颗又挤得那么近。她侧转身子,只见左袖管非常之长,而且凹凸不平,袖口像喇叭似的张开了。再看下摆,紧紧地裹住膝盖,仿佛穿了件太短太小的旗袍。

她颓丧地吐一口气,眼光转到自己的脸盘:眉毛一粗一细,鼻子塌了下去,嘴歪向了一边,脸盘的轮廓模模糊糊,这哪里是她自己的面容!

她打了个呵欠,朝自己说:"倒霉,偏偏碰着这么一块哈哈镜!"一阵秋风带来了寒气,她把大衣领子裹紧,径自回家了。

"到哪儿去了?"母亲问。

"同学家里。"女儿回答。

"她说你的大衣怎么样?"母亲的声调显出她的关切。

"很好。"

"领圈大小呢?"父亲插进来问。

"刚好。"女儿打了个呵欠。

"口袋高低如何?"

"正合适。"

"那么肩头呢?"

"非常时髦。"又是个呵欠。

父亲母亲都放心地笑了。女儿脱下新大衣,不经心地往椅子上一扔,睡了。

从第二天起,女儿一直穿着那件大衣。旁人朝她说:"你的大衣不好看呢。"

"真的吗?"她说。

"送到裁缝铺子里去改一下吧。"

她不说话,只是笑一笑。

她不想再照什么镜子了。大也罢,短也罢,反正领圈、口袋、肩头都还合适。而且,料子是现在市上买不到的好货色。最要紧的是她身上穿着一件大家公认的大衣。

默 想

叶至美

　　学校规定晚上十点钟熄第一次灯,一刻钟之后熄第二次,再一刻钟之后,灯又熄了,这就再也不亮了,直到第二天天黑了的时候。

　　虽说熄灯有一定的时间,我可向来不准时睡觉。人累了,眼睛只少用竹片儿来撑住的时候,不管它八点九点,就倒在床上,一觉睡到大天亮。勤奋的时候,钟打了十下还坐着看书,对于一次又一次的熄灯,不免产生怨恨,好像受着一种极大的威胁,想反抗又不能,除了乖乖地立刻上床,免得等会儿暗中摸索以外,再没有更好的办法。

　　这种经验也不止一回了,每一回总使我对于时间的不肯停留,发生一种莫名其妙的畏惧与憎恨。

　　或者是第二天的功课没有预备好,或者是正在读一本小说,读得津津有味,第一次熄灯了,我不上床,心里想,反正还有半个钟头,不妨再看一会儿。等到第二次灯又熄了,还是舍不得放下手里的书,便朝自己说:"再看五分钟吧。"直挨到不能再挨,光明的时间只剩一两分钟了,这才丢下书本,赶忙铺床,结果常常是鞋也没有来得及脱,灯就熄了。整个屋子黑漆漆的,我就摸着枕头的位置,慢慢地把身子放稳。我把眼睛睁得大大的,想在黑暗中找见一点光亮,可是除了一些黑的和更黑的形象以外,什么也分别不清。于是我在黑暗之前屈服了,心里充满了受辱的委屈,渐渐进入梦境。

这种受着时间威胁的情绪,有几个晚上特别浓重。为了怕摸着铺被解衣,我决定在熄灯之前上床,就此躺着看书,直到最后一秒钟。可是,每当熄了第二次灯以后,心情就紧张起来了。明知一刻钟的时间会极快地溜过去,却想在这短短的时间中读到某一页的某一段,就不由自主地时时估量那剩下的时间,"大概还有八分钟了","至多只剩五分钟了",同时眼睛像跑马似的掠过那一行一行的小字。离开我预计看完的段落越近,四周立刻变成黑暗的可能性就越大。我用了我所有的力量争取时间,只有三行了,只有两行了,最后一行了,可是——可是灯熄了,无情地熄了,再也没有法子知道那最后几个是什么字。我睁大了眼睛,希望目光穿过那黑暗找到一点儿光明,享受一点儿胜过时间的骄傲。然而黑暗既深且广,没有边际,我的失败是注定的了。

要是我能重新把电灯开亮,要是我能点上油灯,要是我能让时间溜过而不影响我享受光亮,那么这种感受威胁的滋味再也不会有了。可是,我不能。除了躺在黑暗之中抱怨以外，我什么也不能。

"要是白天多看一分钟的书就好了。"

"要是白天能多读半点钟，今晚就能把这本书读完了。"

要是白天曾珍惜时间，要是白天曾珍惜光亮，如同对待熄灯前的一分一秒那样，我该完成了多少该做的想做的事情呢！在白天，我玩儿，我聊天，让光亮的白天悄悄地溜过，直到最后的几分钟，我才追赶它，太晚了，它已经去远了。于是我希望它第二天归来，以弥补前一天的错失——可是，失去的时间又怎么能弥补呢？

把光亮的开头比作人的初生，那么黑暗的降临就是人的结局。把人的一生看作长长的一天，那么安静地躺在坟墓中的时候，就是一天的结束，就是黑夜的开始；这黑夜将永远延续下去，再也不会天亮。

想到晚间受到的那种无可抵抗的威胁，想到晚间那份珍惜时间的心情，就觉得浪费每一分有光亮的时间，对自己是不可饶恕的罪行。让造物的珍贵而有限的赐予，在我们手里轻轻地消耗掉，事后所能有的只是无补于事的悔恨，这种罪行是戕害我们自己。

若是把人生的路程算作一天，那么现在太阳正高高地照着我，离黄昏时分还有很长的一段时间。但是，我终究会望见那尽头。一会儿，太阳西移了，影子转了向，渐渐地伸长；而当一切影子变得很长很淡的时候，太阳将突然消失在山谷里，一切的影子也就消失了，只剩下苍茫的暮色。这时候黑夜已大踏步向我走来，它将占有我的生命，直到永远。

要是人能死而复活，那么他一旦苏醒过来，立刻要去做的一定是他临死时心里记挂着的事儿。他也许会行善，借以抵偿前生的恶行；也许会用功，借以弥补前生的无知。对于前生不满意的事儿，他都会竭力改正。可是，谁能够死了又复生呢？

要是在阳光融融的时候，躲在床上睡懒觉，等到醒来却已夕阳斜照，其时心想还有不少事情要做，不免焦急起来，忙乱起来；太阳却全不顾到你这些，绝不为你的焦急和忙乱而放慢步子。要是把一生浪费了，等到将要去世的时候，躺在病床上，心想一事无成，此生虚度，于是焦急、惶恐、绝望、愤恨占有了整个的心灵。然而这有什么用呢？白天过了就是黑夜，人生之后就是死亡，你怎能忘了生命与白天同样的短促？你怎能忘了死亡与黑夜终于会来临？

要是能趁早做了一切该做的事，抢在时间前面先行一步，那么，事后的焦急和惶恐就可以避免了。事后的焦急和惶恐会刺伤你的心，使你的心没有一刻安宁，直到生命的止境。

有谁愿意夜间不得安眠？更有谁愿意噩梦相扰？恬静的安眠是夜间的幸福。努力了一天，身体疲劳了，心灵却很宁静，倒在床上，双眼自然地阖上了。要是白天没有把该做的事做了，倒在床上，自责与悔恨涌上心头，使你翻来覆去不能入睡；幸而睡着了，梦中还是在自责与悔恨。忍受这样的折磨原是应该的。消费那永不停留的时间不能不付代价、努力，或者忍受烦恼，随我们自己选择。

不要在夕阳斜照的时候烦恼吧，那正该是休息的时候。要是曾经努力地过了这一天，正应该在夕阳的柔和的光辉之下，静静地享受些清闲了。草地也许散发出醉人的香气，就此舒适地躺下来，看看四周景物的清丽与幽秀，欣赏欣赏晚霞的浓艳与神妙。眼睛累了，就轻轻地阖上；心神倦了，就静静地睡去；在黑夜将临的时候，得到一个安静的睡眠。

母与子

叶至美

周老大旧病复发已经二十多天了，药吃够了，愿许尽了，总不见好，成天哼着，咳着，没有一点儿起色。周老太婆看着儿子的病，心里没有一天舒展过。她知道老大的病有些蹊跷。她自己已经过了六十，老大才四十出头，按理说还该活下去；可是老大从小身体就差，年纪还轻就得了痨病，仍旧种田推粪，日晒雨淋。每逢秋分霜降这些节气，他的病总要发，浑身酸痛，又咳又喘；这一回发得更凶，足足半个月没有进一粒饭米。单凭这一点，她料知老大吃不到今年的年饭了。她没有一条神仙赐的绳索能把老大的命拴住，只有在一旁守着他，看他受苦。她好几次打鸡笼子里挑选最肥的母鸡，杀了煨汤给老大喝；老大总只能喝一口，接着就是一阵沙哑的咳嗽，吐几口又黄又腻的浓痰。于是她回到灶房里，把鸡汤又倒入锅中，叹着气，摇着头说："不久的了！"

她替老大想，死了也没有十分放不下心的。他有了儿子，还有了孙儿；可是一想到自己，她就不免伤心。苦了半辈子,独个儿把老大领大,帮着老大做庄稼活,又帮着老大的媳妇拖大两个孙儿,好容易活到六十多,曾孙都有两岁了,到头来还要送儿子的终。"命苦的人,一辈子都命苦!"

老大的病越来越沉重,整天哼哼,连话都难得说了。周老太婆朝媳妇和两个孙儿说:"应该预备后事了。"媳妇愁苦地回答说:"没有钱。"

没有钱,周老太婆知道。可是儿子的后事总得办呀,她朝大孙儿说:"大宝,你去叫人来看看咱们的猪。"

猪贩子只看中了三头肥猪,说了价钱。大宝一算,离办后事还差得远。周老太婆着急了,低声说:"那么——那么把小牛卖了吧。你去问问哪家要。"大宝呆了一会儿,走了。

周老太婆也呆住了,她从没有想到会有把小牛卖掉的一天。她喜欢那条小牛。几个月以前,老牛快要生了,她一连几夜没有睡好觉。小牛生下来了,又机灵,又健壮,她随即想到今后该可以多佃四五十亩田来种了,那份高兴正同添了个孙儿一般。她每天教小孙儿割嫩草来喂它,告诉孙儿们说:"要经心养呀,将来你们种田全靠着它呢。"可是——可是现在,是她亲口说要把它卖了!

大宝回来说,杨家愿出一万,张家愿出一万一。

"明天让杨家牵去吧。我不愿意卖给张家,他们一家人没有一个不懒,不会好好儿照顾小牛的。"

周老太婆不声不响走到门口。小孙儿二和尚正在赶着老牛翻地。小牛在田岸上吃草，忽然跳下田去，一蹦一蹦地跑到老牛跟前想吃奶；二和尚扬起鞭子轻轻地打了它一下，它立刻跑开了。"二和尚！……"周老太婆使劲地喊了一声，可没有说出什么。"末了一天了！"她自己朝自己说，心里在隐隐作痛。突然听见老大在咳嗽，她赶忙回到屋里。

就在这天晚上，一家人围着老大，看他渐渐地断气。周老太婆等他闭紧了眼睛才放声大哭。她哭得昏了过去，让人喊醒的时候，觉得心头冷极了，重极了，像有一块冰冷的石头压住她，使她累，使她倦，使她喘不过气来。在这二十几天里，她没有一刻安定过；现在一切都完了，她要休息，她回到房里倒在床上。媳妇走来，眼睛哭得红红的，问她有什么不舒服。她说："没有什么，让我躺一会儿。老大的事，你们去管，不要再来烦我。"

第二天清早，周老太婆睡在床上，听见大宝跟杨大爷在她屋后的牛栏边说话。杨大爷的声音透露着欢喜，他说："长得好快呀！"大宝的声音却冷冷的："是快啊，再过半年，能够做活了。"接着就听见小牛给牵出去了。小牛蹄踩在泥地上，又轻快，又稳重。周老太婆很想去看看，转了一念，却又停住了。一会儿蹄声已经听不见，牛栏里却发出"咯咯"的响声。周老太婆知道这是老牛的两支角在撞那栅门。她披上衣服，轻轻地走到牛栏边。

老牛低着头,两只干枯的角尽在那扇矮栅门上抵撞。她嘘了一声,老牛抬起头来,两颗水红的眼睛瞪着她,像在发怒。她抓一把干草送到老牛嘴边。老牛嗅了一下,又低下头撞那栅门了。

这个牛栏,周老太婆太熟悉了,她嫁过来四十多年,哪一天不到这儿来两趟三趟。这条老牛就生在左面的角落里,老牛的母亲就死在右边那个角落里,方才牵去的小牛也是生在左面的角落里,——难道这条老牛又会死在右边的那个角落里吗?她朝右边的角落望了一眼,一些乱草堆在那儿。她觉得今天这牛栏变了样,空了,大了,阴沉了,凄凉了。她记得有一回,她也曾有过这种感觉。那时候这条老牛的母亲还能做活,她的丈夫却死了。她把那条老母牛租给人家种地,牛栏里只剩下现在这条老牛……那时候它才半岁;她来喂草,就觉得这牛栏里缺少了些什么,几乎不像个牛栏了。当时她想着牛跟人有些儿相像,可没有仔细想到底相像在哪儿。

周老太婆开了牛栏的栅门走了进去,想把里面的乱草整理一下。老牛没有理她,还是那么无可奈何地左一角右一角地撞着。"这会儿都牵过了张家堰了!"周老太婆喃喃地说。

听见媳妇在号哭,她的心打战了,嘴唇抖动着,两滴眼泪落在干草上;她想哭出声来,可是没有哭出声来的气力,不知怎么的两腿一软,身子倒在乱草堆上。老牛踱过来,似乎要赶开她,却又在她身旁停住了。周老太婆摸着老牛的腿,又落下了两滴眼泪。

她听见外面在放鞭炮,又听见一大群的人声。她想,应该出去看看,挣扎着站了起来,可是两条腿软绵绵的,似乎支持不住她的身体。她记得她男人死的时候,她也像现在这样伤心,可是还有力量撑起身子来,给男人缝衣服,买棺材,开吊,下葬,料理一切;而且把家务担当下来,看管二三十亩田,抚养不满十三岁的老大。她为老大忙了一辈子,现在可再没有气力替他操办这最末了的一件事了。她觉得对不起老大,对不起自己这一辈子。她勉强走了几步,又传来了媳妇的哭声。她对自己说:"不去,不去,我再没有这么一份心看别人伤心了!老牛会知道的。"

在周家,最熟悉老牛的是周老太婆,最熟悉周老太婆的是老牛。老牛才出世不到一年,周老太婆死了男人,她一个儿挑起了周家的担子,她和它整年整月忙着。她深知道二十多年来,它帮过她周家多少忙,一担担的谷子,一挑挑的柴,都有它的功劳;它也深知她二十多年来花过多少心血,她抚养老大,管理田地,娶媳妇,领孙儿,一桩一件,它都看在眼里。

"是的,老牛知道。"周老太婆抬起头来,看见老牛偏着头,正在望往日小牛站立的地方,那儿还有小牛吃剩的嫩草。她在老牛腿上推了一下。老牛就往那儿伏了下来，两颗水红的眼睛凄苦地瞪着她。

外面又在放鞭炮，又是哄哄的一阵人声。周老太婆决意要出去看看，一不留神撞在那扇开了小半儿的栅门上，又跌倒了。她爬不起来，只好呼唤两个孙儿。过了好一会，大宝才来扶她，她已经不能自己走路了。

她从此躺了一个多月，没有下过地。她的身体虽不能动，心里却清楚，随时提醒媳妇跟孙儿说："该替老大做七了。""地里该下萝卜秧了。""鸡儿鸭儿该喂食了。"或者问，"今天放了几回牛？"她从来不要媳妇跟孙儿陪着她。她说："你们去干你们的，我一个人睡着很好。"她独个儿躺着，醒的时候就听外面什么人在干什么事，单凭声音就能知道一切，好像都看在眼里了。有时候外面一点儿人声也没有，只听见后面牛栏里"咯咯"作响，她知道，老牛又在用它的角撞门了。"怎么这样不肯安静？"她不安地听着；直到那响声止了，她才舒一口气说："对了，跟我一样躺下吧！"

又过了半个月，周老太婆非但没有能起身走动，连躺在床上翻身都要人家帮忙了。她不想吃东西，人一天一天瘦下去，一脸皱皮像是黄蜡塑的，一对干枯的眼睛像嵌着两颗灰黑色的石子。先是她家里人觉得她没有希望了，后来她自己也觉得要完了。

有一天，她朝站在床前的大宝说："我的日子快到了，你们可以替我预备了。"

大宝答应说:"好吧。"

"没有钱,去问杨家借,就说过了年还……明年三月间,你们可以收菜籽了。"

"是的。"大宝走开了。

大宝跑了三天,钱还没有着落,没有一家一下子借得出这样一大笔现钱。有人告诉他说,要是把老牛卖给王屠夫,倒可以得到好几千块钱呢。

大宝回到周老太婆跟前,告诉她说钱借不到,除非把老牛卖了。

"什么!"周老太婆大声地叫了起来。大宝吓住了,他从来没听见祖母发出过这种声音。

"把老牛卖了,为了葬我?不行!不行!两张芦席把我一卷都可以,就不准卖掉它!"

媳妇赶忙抢着说:"不卖就是了。"

"它来咱们家里,比你们都早。你们不能这样没有良心!"

周老太婆气极了,再说不出什么。她没有气力说话了;一会儿迷迷糊糊地睡着了。醒来时屋子里已经漆黑,她竖起耳朵听,听见牛栏里还有"咯咯"的响声,她才放了心。

最后几天,周老太婆不再操心别的事,只是静静地听:是不是牵老牛去饮水了,放老牛去吃草了,带老牛回牛栏了。如果少听到一回,她就费力地叫大宝来问:"老牛怎么样了？"

"好好的在牛栏里呢。"

"怎么没听见它走过？"

"你睡着了。"

周老太婆又仔细地听。直到听见牛栏里确实有响声，她才闭上了眼睛。

大宝没有别的法子弄到钱，跟大家商量。有人告诉他："还是把牛卖了吧，不让她知道就是了。"

大宝去找王屠夫，问他哪一天成交。王屠夫算了算说："后天我没定得有牛，就是后天一早去牵吧。"他们就这样说定了。

第二天晚上，周老太婆没有能入睡，总听见老牛在撞门，似乎跟往日不一样。她把大宝叫起来说："快去看看，别是贼来偷牛了。"大宝回来说："没有什么。"她才给自己解释："它跟我一样，老了，整夜睡不着。"

王屠夫来牵牛的时候，大宝让他在门外等。他把老牛从牛栏里牵出来，周老太婆正好醒着。她听见老牛一步一步地踱出去，这熟悉的脚步声，她听着觉得有说不出的舒服。突然间她高声说："大宝，你让老牛在沟里多饮些水，夜长了。"

大宝先是低低地应了一声，随后提高了嗓子，哑涩地回答说："知道了！"

中午时候，周老太婆没听见牛栏里有声音，便问老牛是不是回来了。媳妇回答说:"正在外面吃草哩。"周老太婆说:"赶这几天天晴,多搬些谷草在牛栏里,免得下雨天搬。"

"好吧。"媳妇背转身去,轻轻地答应。

那天下午,周老太婆自己说不好了,因为她觉得什么也看不清,什么也听不清了。"连老牛撞牛栏的声音都听不见了。"她朝大宝说,"快了,不是今天,就是明天。钱怎么样了?"

"借到了,杨家张家都借给我了。"

周老太婆安心地闭上了眼睛;闭上了就再也不睁开了。

周老太婆的尸体被移到正屋里,她的房里一下子显得阴沉极了。她床上的被褥已经搬开,只剩下一床的稻草,乱七八糟地堆着。这光景正同屋后的牛栏一样,牛栏里剩下的也只是一堆稻草。

在邮局里

叶至美

每次走进邮局,便会有一种像是兴奋像是快慰的感觉,那种感觉持续下去,直到离开邮局。回头再看不见那块牌子了,我还能清楚地想象邮局里的情形,虽然发信的人已经换了一批,投入邮箱的信件,也已经是另外一批了。

这么着,我就喜欢上邮局去寄信,不愿意把信件投在沿路的邮筒中。我带着一两封没有封口的信,走进邮局。那里时常挤满了人,散发着人的气味。我从人缝中挤进去捞些糨糊,慢慢地把信封好,又挤进去递上钞票,换来几张红红绿绿的邮票,回转身,再捞些糨糊把邮票粘上,然后把手臂伸到满围了人的邮箱边,把信丢进去。这时候,我没有理由再逗留在邮局里了,只好快快地离去,带着前面所说的那种感觉。

我爱上邮局的什么呢?该不是那涂满了糨糊的柜台吧?该不是那油漆已经剥落了的邮箱吧?该不是那些忙碌而冷漠的职员吧?最后我发觉自己是爱上了那些陌生的寄信人……不,我爱上了他们那颗热于寄信的心。

我跨进邮局,先看看挤在那儿发信的人。没有一个是我相识的,但是各人脸上共有的那种表情,我却非常熟悉。我走近粘信的地方,手指捞着糨糊,眼睛却注意着他们。也许正有一位白发老者,他手指上已经捞了糨糊,却又把信抽出来,翻来覆去看了又看,最后知道没有漏掉什么,才抖抖索索地把口儿封好,走开了。我突然地觉得,那一定是一封寄给爱儿的信。

　　在售邮票的柜台前面,也许正有一位年轻女士刚刚接过邮票,转身出来,一位中年先生又挤上去了。后面也许还有几位学生和一位伙夫等着。他们的信寄给谁呢?给情人?给爱妻?给爹娘?给朋友?就是那位伙夫的信,也一定有人在盼望着,也许是他那不识字的老娘正在门前张望:"他该有信来了吧?"

　　我站在那邮箱旁边,看着只只不同的手,投下一封封式样不同字迹不同的信。我不用看清楚那些信寄给谁的,反正他们都是有人关切有人挂念的有福气的人。那一封封的信给我启示:人跟人虽有空间上的隔离,心却是紧紧地贴在一起,永远分不开的。多看一封信投入邮箱,这种信念便加强一分。渐渐地,我对那些信起了敬意,因为其中包含着人类的爱。

　　有一回,我跨进邮局,发现发信的人比往常少,心里竟像掉了什么东西似的不痛快。我正在粘信,一个乡下老太婆走了进来。她从胸口掏出一封揉皱了的信,抖抖索索地走到售邮票的柜台。

"先生呀,我上个月八号发的信寄到了没有?"

"我哪里知道呀?"售邮票的回答,"有回信来,就寄到了。"

"先生呀,寄××的信,到底通不通?"她又问。

"不一定,那儿正在打仗。"售票员回答,"如果通,总会给你送到的。"

"我的儿就在打仗呀,好久好久都没有信来了。"

我看她从一块脏手帕里数出了两块钱的钞票,又看她把邮票牢牢贴在信封上,随后,一只手抖着抖着地把信塞进了邮箱。

子弹和炮火不应该伤害他的儿子。他应该活着,活着读他母亲的信,活着接受他母亲的深切的爱。

人有什么权利杀人、害人?人跟人原是能那么深切地相爱的呀!

于是那种像是兴奋像是快慰的感觉又涌上了我的心头。

拿到了第一次薪水

叶至美

"快坐下休息一会儿吧,玉堂街奔到这儿,路可真不少呢。"陈太太接过大儿子华生手中的提包,把它放在桌上,就从墙角里的小炉子上提起铅壶,倒了一杯开水递给他。"喝杯开水吧。中秋过了,天还是这么热。小妹,给哥哥打盆水来,洗个脸,抹把身。真是好远的路。"

"不要,不要,我不热,"华生解他那中山装左首口袋的纽扣,"我坐车来的。"

"坐车来的?多少钱?"这个下午,陈教授就坐在房间角落里,贪图那儿比较凉快,赶着在编这学期讲授的西洋通史讲义。华生回来,他也没有停手,直到此刻才搁下了他那支秃得像扫帚的毛笔。

"八块钱。"华生怯生生地说,"我拿到薪水了。"

"不贵,不贵。"陈太太急忙说,"天热,路远,坐一趟车也好。"

"我随便问一声,没有说不好。"陈教授又低下头去写他的讲义了。

华生解开口袋，郑重地掏出一个厚厚的信封。

"妈，钱，"华生的脸色好似烧香的踏进了神殿，他把信封递在母亲手里，"用掉了些，还剩一千二百七。"

"一个月一共拿多少？"陈太太数着簇新的大钞票。

华生一面思索，一面回答："薪水加上米贴，加上房贴，加上警报费，将近二千，扣了饭钱还有一千五百五。"

"啊呀，银行里的薪水这么大，那些经理主任，不知道要拿多少呢。"陈太太数清了，十二张大钞票，还有零的，一千二百七，不错。她把钞票装入信封，得意地说："你比爸爸拿得多了。真是的，当大学教授还不如当个银行练习生。"

陈教授看了陈太太一眼。

"昨天下午发薪水。"华生说，"吴先生把这个信封放在我手里，对我说：'华生，这是你一个月的薪水，一共一千五百五，你收着，明天带回去，不要丢了。'我一下子发呆了，我不敢相信……"

"吴先生真关心你。"陈太太笑着说。

"嗯，他关心我……"华生像在想什么似的说，"我不敢相信我能拿这么多。——到晚上，我出去给爸爸买了两包烟。又买了两条毛巾，一把牙刷——妈，家里的毛巾不是都破了吗；我还……我还买了两斤梨儿，带回来大家尝尝。"

华生从提包里掏出一个个嫩黄的梨儿摆在桌子上，随后就是烟，牙刷，毛巾。

陈教授抬起头来，望了望桌子上的梨儿。

"真是长大成人了，第一次赚钱，就想到爹娘。梨儿等会儿吃。……本来，十八岁也还是个小孩子，哪有不想买点儿零食吃的。"陈太太说到这儿，看了陈教授一眼，见他只在写字，也就住了口，不再问那些东西什么价钱了。

午后五点钟光景，这个只有一个门框的东向房间已经有点儿暗淡了。

"妈，怎么弟弟跟大妹还不回来？"华生问。

"就是说呀，没有一天不等到天快黑才回来。"陈太太正在扇小炉子，煤烟熏得她眼睛红红的，"说来说去都是造孽。为了省几个钱，把他们放在国立中学，来回十来里路，全靠两条腿，真是没有办法。——那一天大妹说她腿酸，爸对她说，走不动，就跟你一样不要上学吧。一天十几块的车钱，我们当然花不起。真是越来越穷了……"

"说他做什么——说来说去总是穷。"陈教授收拾起桌上的稿纸书本，把笔套套上，站了起来，"是不是还要去买点蔬菜？"

"好吧，买几块豆腐，做碗汤吧。"陈太太把一只小篮儿递给陈教授。

"爸爸，我去买。"华生接了陈太太手中的篮儿，出门去了。

陈教授坐回他的原座，顺手拿起一张当天的地方报来看。

"怎么，不高兴？"陈太太在一个坛子里舀出三碗黄黄的米，放在一只木盆里，"为什么老不开口？"

"没有时间开口呀。"陈教授放下报纸，替陈太太提了一桶水来。

"我说华生到底还要得。"陈太太心满意足地说，"初中刚毕业，就能赚钱贴家用了。"

"唔，他要得，初中毕业就赚钱了——而且比我赚得多！"

"怎么，今天你老是在生气似的？"陈太太把米洗好了，挺直身子，"要他不上学，要他进银行当练习生，又不是我一个人的主张。那时候你还不是说，反正读不起书，就让他去做点事吧。弄到临了，却在我一个人身上找错儿。"

"谁又在你身上找错儿？做父亲的教书，做子女的偏偏没有读书的份儿，还不是家家都一样。不过……不过做事也得指望有个长进才好。一个孩子出去做了一个月的事，就弄了一千多块钱回来，虽说钱不值钱，这个数目也足够叫他贪图安逸了。……再说，你总不希望他一辈子在银行里当个练习生吧！"

"啊呀，说来说去，还是为了华生没有能进学校，心里不高兴。银行里拿钱多，原先你也知道的啊。"陈太太把米倒在锅子里，一边大声地说，"要是拿得出钱，我为什么不愿意他升高中呢？"

"我没有说你不愿意啊，"陈教授走近陈太太身边，"我只是说，华生赚了钱，得让他有些正经用途，别拿来全贴家用。"

"只要你拿回来的钱够用，又何必用他的？"陈太太对着炉火，满脸通红，"让他升高中，进大学，出国留洋，我都赞成。"

"你的意思说我……"陈教授说到这儿，华生跟弟妹一起奔了进来。弟弟穿一身粗黄布童子军服，妹妹穿一件粗黄布上装，黑土布的裙子，两人瘦黑的脸上都微微地透出汗珠。

吃晚饭了。方桌子上摆着三碗菜，一碗汤。陈太太陈教授各坐一边，华生跟弟弟坐一边，大妹跟小妹并排坐。

"你在银行里吃些什么？"陈太太问。

"煎鱼，红烧肉。——那天过中秋节，有鸡，还有酒呢。"

"比家里吃得好多了。"陈太太端详着华生说，"人也胖些了。"

陈教授也看了华生一眼。

"这些日子事情多不多？"陈教授冷冷地问。

"不多，过了中秋，越发少了——只是听先生们聊天儿。"

"你没有……"陈教授一开口，却让坐在华生旁边的弟弟把话接了过去："没有去玩吗？没有看电影吗？"

"唔，看了一回。"华生偷偷地看了一眼他父亲，两人的眼光正好相遇。华生于是低头吃饭，含糊地说："是人家邀我去的，中秋节晚上。"

"什么片子？"大妹不知趣地问。

"外国片子……"

"陈太太，我向你借东西来了，"门外闯进来吴太太，她大声地嚷，"来了客人，没有菜，向你借四个鸡蛋。……喔，华生回来了，胖了些呢。"

吴太太在一只竹椅上坐下。

陈太太站起来，开抽屉取鸡蛋，同时说："是呀，他们银行里吃得好。……啊呀，只剩三个了。"

"就借三个吧。……华生该拿过薪水了吧？"吴太太接过鸡蛋，热心地问。

"今天才带回来，"陈太太坐回饭桌，又拿起饭碗，"一千二百七。"

"华生真能干。十七八岁就整千整千地赚回来，就能帮父亲养家。"吴太太的一双小眼睛盯住华生，脸上露出艳羡的神色，"我们家里这一大帮小东西，只会吃，只会闹，就是赚不了一个大钱。"

"一千多块钱也可以买些……"

陈教授没有等陈太太说完,就离开了饭桌,剔着牙齿走出门外去了。

一盏绿色土瓷的菜油灯,放出暗淡的黄光。陈教授一家人围着桌子吃了这几个梨儿。第二天是星期日,两个上学的孩子不必预备功课,先去睡了。陈太太领着小妹也进了隔壁的卧房。剩下陈教授与华生面对面静静地坐着。

"这些天晚上什么时候睡?"陈教授问。

"八点多。"华生低声回答。

"带去的书看了没有?"

"看了……还没有看完一本。"

"既然事情不多,晚上又有电灯,很可以多看些书。"

"嗯。"华生望着父亲的脸,觉得没有饭前那么严那么冷了。

"告诉你,"陈教授脸上隐隐透露一丝庄严的笑,"我第一次在中学教书,拿到了四十块钱。我也很高兴,也拿出几块钱来买东西——我买了一部《资治通鉴》。"

"嗯。"华生应得极低,几乎听不出来。

"那是二十年前的事了。今天你也拿到了第一次薪水。"陈教授望着跳动的灯火,过了一会儿问华生,"你预备怎么花这些钱?"

"随你们,"华生爽快地说,露出喜悦的微笑,"买米,或者买布。"

"自己不想买些东西,譬如书呀,杂志呀?"

"要的,"华生说,"下个月就买。"

"那就没有多余的钱看电影、吃零食了。偶尔一两次当然不妨,可决不能经常呀。"

"嗯。"华生觉察到父亲眼中射出慈祥的光。

"现在你拿得到一千多块钱,可不要以为自己真有了什么本领。一千多块钱只是一千多块钱,随便一花也就完了,跟你的时间与精力来比,一千多块钱更不值什么。目前家里拿不出钱,不能让你进学校,你得自己知道求上进才对。"陈教授稍稍停顿一下,他见华生在注视着他,"我不愿意你就这么在银行里耽下去。要是我的收入多一些,你还是进高中。"

"好的,进高中。"

油灯的光越发暗淡了。陈教授低着头,华生仰着头,两个人都在想些什么。

陈太太从卧房里出来了。她走到桌边,剪掉些灯花。

"油快用完了。"陈太太这一声把陈教授和华生都惊醒了。

"喔。"陈教授望着油灯。

"妈,明天我去打油,打他二十斤。"

陈教授皱着眉点点头。

看 戏

——拟索洛延

叶至诚

电线杆高头一贴上红红绿绿的话剧广告,我就糟了,不是我自己觉得糟,是旁人说我糟了,打囟门顶糟到脚底心,比一只青肚皮猢狲好不了多少。我就记不住这一天该念熟了书上哪些话儿去上学;也记不住姆妈要我打城里买些什么又便宜又得用的东西回家。成天价拉着阿刘讨论报屁股上找来的消息:这个戏有哪些个角色,哪一天上演,票价分哪些个等级。心里又老在盘算怎么去要这个票钱可以少挨两句骂。

只要两百块钱,连带票子还可以买个"荣誉"。可是我家穷,爸爸从不曾发过财。这据姆妈说是爸爸不中用,只会守着几个薪水过日子;祖母可说爸爸良心好,太老实,多少发财的机会他全放过了。到底为了什么我压根儿没有想过,我就只知道我没有这个钱来买"荣誉",回回都坐在剧场的最后头,看那些不清不楚的脸盘,听那些糊里糊涂的台词。阿刘是我的老搭档,我想多半他爸爸也是不中用的，要不就是良心好，人太老实了。

这一回我又糟了，简直糟透了，电线杆高头同时贴上了两个话剧的广告，一个一半儿把我完全占领了。

"家伙！好着呢！"阿刘跟我说。

"哪一个？"

"两个都好。"

"哪一个要好一点儿？"

"半斤八两。"

"你预备看哪一个？"

"你说吧，哪一个可以不看！"

"简直说不上来。"

"两个都看？"

"好，两个都看。"可是我知道我要不到看两个戏的钱，阿刘也一准要不到。

"要是世界上没有钱这个东西，什么都好办了。"我说。

"也许都好办了。"

"为什么看戏不列在课程表里，不算是教育呢，阿刘？"

"我想大概总有个什么道理吧。"阿刘搔搔脑袋说。

话剧开始上演的那几天，我在家里变得乖了。吃过晚饭，爸爸朝我说："你听着，你得学着钓鱼，改改你那毛躁性子。你坐在河边儿上静静地等，等个一整天，不一定有半条鱼来上钩，先前……"我就站在旁边，半句嘴也不插，直到爸爸说："哪一天你跟我去试试看"。有时候姆妈喊一声"老三……"，我赶忙把她所要的东西拿过去；虽说多半拿错了，可也很有几回差一点儿让我拿对。

整整有三天，一家子数我头一个打被窝里翻出身来。理好了床铺，我就打扫房间，再就随便拣一本什么教科书大声大气地念。好像"勤快"永远跟我连在一块儿了似的。

"安静些，你学校里又考试了吗？"念着念着，爸爸打被窝里探出头来，嚷了。

"大清早别这么嚷嚷！毛猴子打扮起来还是个毛猴子，你尽管念还是个不成才！"姆妈也嚷了。

我阖上教科书，跑出屋子，爬上树枝儿坐着，吹起口哨，散散书上找来的闷气。

星期六的前一晚，我才睡了一觉，就从头到脚完全醒了过来，随你找多少个数学题目来想，再也睡不熟。想呀想的全部成了这么一个清清楚楚的式子："一个戏，三十块钱，看两个，乘以二，等于六十。"有一回姆妈朝爸爸嚷过，"这么着，六十块钱就等于没有了"，可是算术书上从没写过没有钱等于六十块钱这个话。我看屋子里不能耽了，再耽下去就得把脑袋想炸，一骨碌翻起身，跑到屋外去。回来的时候，天才发亮，爸爸坐在吃饭间里打整他钓鱼的家伙。

"爸爸……"我说。

"你替我想想,你说这鱼钩儿弯一点好还是直一点好?嫌弯了?不,要这样鱼才容易上钩。稍稍打直一点也好,该让我钓着的,总会让我钓着。"

"爸爸,我有四个星期天没有出去玩儿了。"

"才三个呢,话要说准确,你老爱往过分的一方面说。"

"总之,我好几个星期天没有出去玩儿了。"

"你是多说一个了。明儿跟我钓鱼去。往澄碧潭钓鲫鱼去,那是个好地方。"

"妈妈说那儿钓来的鱼小得喂不着猫儿,又只那么几条。"

"那是个好地方,有山,有水,有树。"

"上个星期天才钓着四条。"

"至少你也得钓着四条,四条四条就是八条。"

"我不钓鱼,别把我算进去。"

"明儿咱们绕小路慢慢儿走。不走公路。"

"远呢,爸爸,到那儿只能钓两个钟头的鱼了。"

"那是条好路,没有汽车,也没有多少人。咱们高兴怎么走就怎么走。"他拿起抹布在那光光滑滑干干净净的钓竿上擦着。

"爸爸……"我说。

"你去找一根斑竹,别太大,你什么都喜欢大的。我做根钓竿给你。"

"明儿我要进城。"

"往城里跑？我不喜欢城里。"

"阿刘约我一路去。"

"你去吧。你是现在这个世界的人，你要走你的路子。"

"没有钱呢。"

"我不喜欢城里，小孩子们全让教坏了，没有不爱钱的了。"

"看话剧，要拿钱去买票。"

"钱是个坏东西。头一个想出用钱的是魔鬼，你知道吗？是魔鬼，他嫌人过得太舒服了。"

"只要看得着话剧，我一个子儿也不要。"

"什么都可以拿钱买了。有人拿十万换我一粒米，我也不干。钱，什么东西！"

"没有人跟你换的，爸爸。"

"我一定不干。"

"你尽管不干。给我六十块钱。"

"钱把你毒坏了。"

"拿去看戏，去受教育呢。"

"拿钱买来的教育，只会教你越发爱钱。"

"那是艺术。"

"那是货品，艺术不卖钱。"

"不管是什么，明儿我要去看。"

"我没有钱,一个子儿也没有。"

"姆妈那儿有。"

"你问她去,我没有管钱这个东西。"

我扭转头往房里跑。

爸爸扶起躺在地下的钓竿,说:"你这个城市的孩子啊!"

"你不是天天在城里玩儿?"姆妈说。

"在城里念书,不是在城里玩儿。"

"跟玩儿一样,白白花些时间,花些钱。"

"学做人呢。"

"哪儿见你学出个什么名堂来!要你凑个手脚,十回有九回添麻烦。"

"学的是大道理。"

"一点儿用处也没有。不学这一些,还不是照样过活?"

"总之这是念书,不是玩儿。"

"随你叫什么,钱跟时间白白花了是真的。"

"念了书,将来替大家谋幸福。"

"凭你学来的那些道理,栽不出一颗谷子,织不出一寸布。"

"可是这回事就叫作念书。"

"别跟我歪缠了。我不是成天闲着没事做,尽跟你聊闲天儿的。"

"我有四个星期天没有出去玩儿了。"

"人不是生下来玩儿的。"

"明儿我进城去。"

"脚生在你身上。"

"一清早。"

"你们都是悠闲人。"

"我身上没有半个子儿。"

"别曲里拐弯的,你可是又要钱了?"

"一猜就着,我又要钱了。"

"进城跟花钱拆不开来吗?"

"阿刘约我看话剧去。"

"钱是用来过活的,不是用来乱花的。"

"受教育呢。"

"你进了学校了。"

"那不是艺术教育。"

"艺术比什么都不如。"

"艺术是世界上顶美的东西。"

"人没有从艺术上得到一点儿好处。"

"艺术品可以卖很多钱。"

"卖钱尽多,还是一件废物。"

"有许多人学艺术的。"

"学成些只能吃不能做的家伙。"

"我跟阿刘约定了,明儿非去不可。"

"你是有志竟成的。"

"就只这一回。"

"这个话我记不清你说了多少回了。"

"戏好呢。只要三十块钱。"

"你把钱看得太随便了。"

"爸爸可不这么说我。"

"他是糊涂虫,一直没有清醒过。"

"他好好地说话,好好地做事。"

"他一直没有明白钱的用处。"

"也许他是糊涂的。"

"你不能学他。"

"可是我跟阿刘约定了。再让我看一回。"

"以后呢?"

"不看了。"

"拿去吧,你是有志竟成的。"

星期天一清早,我还没起床,阿刘跑来了。

"演剧的还在睡觉呢。"我说。

"你预备看哪一个?"

"挑好的看。"

"可是两个都好。"

我跟阿刘全愣住了,彼此不言语,直到爸爸替我们出主意,"一人看一个"。爸爸拿个铜子儿让我们猜字。阿刘猜中了,看新光戏院那一个,还有一个,我看。

我朝妈妈说了声"可有什么事要我做?"就牵着阿刘的手跑了出去。妈妈在屋子里嚷:"你们就是在家,也帮不了什么忙。"

那一天把我累坏了,看得颈项发酸,像让大力士扭了一下似的,眼睛面前花花绿绿的一片模糊。

我找着阿刘,问他怎么样。他说:"那个戏好极了。"我说:"我看的也是挺好的。"

爸爸回来的时候,我好好儿坐在家里念书了。他钓回来三条小鱼,没有等到妈妈给它们开肚皮,就让小猫儿全吞了去。

吕叔湘先生翻译美国作家索洛延的短篇集,定名为《石榴树》,由开明书店出版。承吕先生赠我一本,我读了不知多少回,觉得作者写人叙事,那么简单而得要,真如画家中速写白描的能手。喜欢之极,不免起意,摹仿他一篇,就写了这篇《看戏》。摹仿得好与不好,还请吕先生与读者多多指教。

看书买书

叶至诚

"六七八九十……"十八本了,十本旧小说,八本新小说,这些全是凭着"书朋友"的名字借来的。同学们给我起这个诨名,是从"酒肉朋友"套来的。有些同学,平日不常在一起耍,要向他们借书的时候,我可去找他们了。有时候,同学对我说:"来吧,陪我回家去。有书借给你呢!"我就十里八里地跟他跑了。这"书朋友"的诨名,大致还带着些"书呆子"的意味。假期前一个多月,我就要开始东奔西跑,张罗小说了。不管他新的旧的,好看的不好看的,有就借。借来了,不看也不翻,只相一相封面,用手指量一量书的厚度,就一本一本整整齐齐地堆在床边的小桌子上。有空的时候,坐在床沿上,拿起一本来想翻一下,可又怕提前看完了,假期里没得看的。只点点书的本数,看看书面的图画,心里怪高兴的。数了一阵子,又一本一本齐齐整整地叠将起来。

头一本总是挑那挺薄挺薄的。我看书相当快,要不了多少时间就看完了。再坐在床沿上点本数,没有看过的少了一本了。把看过的一本放在另一边；舍不得马上看第二本，就往厨房里看猫儿跟狗抢饭吃，或者挑逗姐姐发气，跟她斗两句口，把一天混过。第二天，才又在书堆里横挑竖挑，检出一本最薄的来看。

"看了三分之一了"，"一半了"，看长篇小说，我常常注意每页角上的页码，心里计算已经看了整本的几分之几了。这多少有些儿性急；可是看得满意的时候，还有"怎么，就快完了！后面该比前面更有趣吧？"的意思。对于那些看不出什么味儿，但是借来了不看又像不好意思的书，那就完全是性急了。

听人家说过，也在书本上看到过，看小说不要单看故事，技巧呀，文字呀，都该注意。我曾经"注意"过这么一回，看的是本长篇新小说。作者用了什么话来描写一个花瓶，对于那束花又加上了多少形容词，全记住了。又翻来覆去地看，聚精会神地挑眼儿：须是偷看人家的活动才能说"窥伺"呀，"不学无术"怎么能当作赠语写在纪念册上呢？倒也怪有意思。可是这么看了半天，没有看出书上说的是怎么一回事儿，又怪不耐烦的。打回头重新看起，再不注意技巧什么的，也再不挑人家的眼了。在长篇小说里，往往有这么一节两节写气候跟风景，碰到这些，我的眼光在纸面上下地晃几下就算看过了。一页上如果尽是些关于气候跟风景的话，干脆翻过了事。这倒使我很高兴，看看角上的页码很快地改变着，"不到十二点钟，可以把它结束了。"我就这样想。

无论喜欢看还是不喜欢看的书,没有开头看,舍不得看;才看了十多页,就想赶快把它看完。

看短篇可永远赶不上看长篇的快,看完了一篇,总得歇一会再看第二篇。不然就像才跑出一家电影院,马上又走进另一家电影院,好些不相干的事儿,全会混在一起,串成个乱七八糟的长故事,伊凡成了杰克的儿子了,老汤姆似乎可以有七八个死法了,哪个死法真属于他,再也搅不清楚。

一本书看完了,松一口气,对着时钟计算一下时间,"快呀,打算在十二点钟看完的,现在才十一点呢!"虽然要寻另一种方法来混过多出来的一点钟,不免费事,可是早早完结了一件事儿,总觉得快活。假如家里有谁看过这本书,当天晚上爸爸喝酒的时候,我就跟谁谈谈这本书的情节跟人物,过后把它忘了;假如谁也没看过,自然无从谈起,也就把它忘了。总算世界上又有一本书给我看过了。有时候人家提起这本书,我也许会模模糊糊地记起来,并且说:"这本书,早看过了。"

"这一回该去买一双袜子,别再买书了,你的袜子破了好几个洞了。"手头有了些钱,母亲总要这样地对我说好几回。

"让它破好了,没有关系。"我老是这样地回答。钱还没有到手的时候，早已盘算好了：《苏联作家七人集》看相了好久，星期六进城准得买回来；钱有得多的话，再买一本《桃园》吧。假如买了袜子，什么都完了。

一本书要考虑许久许久，才决定买不买。可是，遇到一本出名的著作，听人家说"好"都有几十遍了，那书名字在心里头上上下下许多时候了，不成问题，只要手里的钞票够得上书背面标着的数目，马上把它买来，连翻一翻目录，看一看序文，都不需要。式样的确好看，那些行款很稀，"天地头"很宽的书，可是纸花费得多了，书背面标着的价目也大了。同一著作的两种本子，一种行款稀，漂亮，价钱贵，一种行款密，不漂亮，价钱便宜，我当然买后一种。我付的价钱得跟字数成正比例，不一定要跟页数成正比例。

我爱逛街，尤其爱独个儿逛街，因为很难找到一个同伴跟我有同样的嗜好和耐心。走进一家书店，看每一本书的名字，或者随便拿几本起来翻翻。再走进另一家书店，架子上摆着的，桌子上摊着的，在前一家差不多全看见过了，可是我还会看一遍，还会随便拿几本起来翻翻。这样一个人会逛上半天，上午进城，至早在下午一两点钟回家；肚子饿也不管，反正"精神粮食"已经零零碎碎地吃了些儿了。

几十家新书铺子，翻不出什么新花样，这家有的那家也有，这家没有的那家也没有。旧书铺可不同了，时常可以找到不常见的书。哪家旧书铺如果有这么一本，我就从书架子上把它小心地抽下来，先看书背面的价目，再看序文，"值得买，你看序文里说得这么好，五十八不贵，你看有这么厚"。可是口袋里只装着一张五十的，心平气和地问老板能不能让价，横讲竖讲，五十，两不补找。拿了书掉转身就走，好像停一会儿老板要反悔似的。有的书，价钱跟口袋里的钞票数目相差太远了，只能把它放回书架。可是还舍不得走，在店堂里转了一阵，又回到那书架子旁边看那本书，再迟疑地把它抽下来，依依不舍地又把它放上去。这样，让老板疑惑起来了，以为我要偷那本书，站在旁边睁大了眼睛看着我。我还是不走，"喂，你买不买？"这几乎是下逐客令了，我才慢慢地走出来。

自己刻了一方石图章，买回来的书，都端端正正地盖上个鲜红的印记。小小的白木书架子，有一格排列着我这些盖了印记的书。书不多，这一格还有一大段空着，新添了一本书，盖上印记，就装进架子去，用手量着，还要几"拃"就能把这一格装满了。我喜欢买厚的书，因为这样能很快地装满。书架子上加多了一寸厚的书，比看了这些书中的动人的故事还要高兴。

自己的书，将来总有机会看，买了来，大半就整整齐齐地放在架子上，还是钻头觅缝地向人家借书看。

我要向人家借书，可是不大愿意人家借我的书。伏在书桌上写字，偶尔回头一看，排列得整整齐齐的书给抽得七零八落，心里就会这么一酸，难过一阵子。书送回来，再不是原先的样子，书角卷了，书面皱了，若是薄本子，放在书架上站不稳了，我不愿我的书遭到这样的命运。

　　对于我的这一格书，我也像《爱的教育》里的斯带地一样，随时加以整理，调换排列的式样，可是我没有斯带地请安利柯到家里去参观藏书的热心，我没有请过一个朋友来看我的书。

英雄气概

叶至诚

没有躲过,右眼角着了一下。他把头一低,蹲身下去,要抱那个的腰,拼着背心吃几拳,摔他一跤。

忽然自己的身子给抱住了,打后面伸过来的一双手臂很"棒",围得他两条胳膊发麻。他像一只正想去衔摆在面前的肉骨头,却给人一把拉住了尾巴的狗,急得乱跳。

"血!"许多声音在喊。右眼仿佛中了电,一抽一抽的,眼珠子像要打眼眶里蹦出来。眼泪淌下来了,面颊上有一条热漉漉的。他闭紧了眼睛,不能哭,得忍住。可是忍不住,热漉漉地一直滚到下巴,嗒,一滴掉在鞋帮上。那是挤出来的,他想。可是右眼再也睁不开,眼泪又落了一滴。不,不是眼泪,是红的血,眼睛给戳破了,然而没有淌眼泪。

"放了我!"他喊。

"不打了?"后面的那个问。

"放了我。"

"把胡炳奎拉出去。"

"我还站在这儿,没有动半步。"他朝被三四个人拖着的胡炳奎吼。

"今天你不能……"胡炳奎说。

"给人扶出去,你忘记在脸上抹点血了!"

"要打过天再打,今天你不能打了。"胡炳奎说。

"要打过天再打。"许多人都这么和着。

围着他的那双手臂一松,他三步并作两步跑到课堂门口,跟逃出了猎人搜寻范围的兔儿一样。血落在地上,一滴,两滴,三滴。

"还在流血呢!""今天不打了!""过一天再来!"有人一把拖住他。

"别管我。"他喊。

"你流了许多血。"

"我成了独眼龙,他也得陪着我!"

伤口在眉心那儿,有人说四五分深,有人说至少寸把。眼睛肿了,可还看得见,蒙上左眼,前面一大片绿的嫩麦子,远远有一排树,家就在顶高的那棵树底下。呀!怎么树不见了,好像世界上只有"绿",不对,只有"黑"。伤口那儿一抽,眼睛跟着一阵地痛,上眼皮跟下眼皮就像磁石跟铁针一样有了吸引作用。这个眼睛准得瞎,他哭了。

道歉?不成。要还他这么一下,也用钢笔尖儿。要他哭,要他叫,要他丢脸。眼睛也得瞎,跟我一样,得瞎;人家笑话独眼龙的时候,他也分一半儿。不会有人笑话我,我没有哼半个痛字。他忍不住,会哭,会叫。打急了,抓钢笔尖儿戳人,就够丢脸了。再打一架,明天,明天再打。

下了历史课,胡庸、吕焕平、王耀章、刘家骓,围着他说打架的事。——那一堂历史课真难挨呀,硬竖起昏昏沉沉的脑袋,仔仔细细地听那些关于死人的话,重要的地方他还记笔记,不能脱了"谱"。

"怎么了?"刘家骓问。

"哪有过了一点钟倒会坏些的?"

"那一下不轻。"胡庸说。

"乌溜溜的一个洞,"刘家骓说,"只差一点儿眼睛就完了。"

"完不了,我这个眼睛还得看他哭一次。"

"再打?"四个人齐声问。

"还他一下不轻的。"

"冤家宜解不宜结,能不能算了?"吕焕平说。

"反正是解不了的结,拉紧些又何妨。"

"不也要戳——"胡庸说。

"也许没有那么凑巧,看吧。"

胡炳奎脑袋上马上要添一个乌溜溜的洞;脸跟他一样,半边肿得高高的,成个怪相——大家这么想,没有作声。

"校长不知道吗?"王耀章问。

"谁去跟校长说?他?我?"

"要是知道了,胡炳奎得记大过一次,"王耀章说,"那回……"

"校长不会知道,我自己干的事儿,自己了。"

"不能打了,让别班看了笑话。"胡庸说。

"我们要他跟你道歉。"吕焕平说。

"要是你换成我……"

"一定要打?"

"我绝不告诉校长,结冤家也要结得值得。"

瞒不住,让妈知道了,眼睛不是赛跑时候跌坏的,是给人家一下打成了这个样子。

"妈,校长不管这些事儿。"

"不管?孩子在他学校里打成了这个样子,眼睛快瞎了!"

"真不管。"

"我问他去。要是出了人命,怎么办?"

"由我问去。"

"我去。看学校里管不管打人的事儿。"

"这回子眼角上一点也不痛了。明儿也许就好了。"

他尽力睁开眼睛,打湿漉漉的睫毛后面看见妈的脸,模样很不好看,仿佛那一下正打着她右眼角似的。

"戳这么深一个洞!"

"妈,你不用去学校了。"

"我要去,我要去告诉校长,不能让学生在学校里乱打人。"

"还是要去?"

"要校长把打你的那个孩子找来骂一顿。一点儿家教也没有,怎么成!"

"可是我的眼睛好了。"

"不能白白地让他打。"

"校长会记他过的。"

"要他记过,下回才不敢打人。"

"同学们要笑话我。"

"你白让人家打了,同学们倒不笑话你?"

"妈,我还要跟他打一架。"

"你发疯了!"

"你打了他?"校长问。

"打了。"胡炳奎说。

"为什么?"

没有作声。

"这很危险。离开眼睛只一点儿。"

没有作声。

"记你一次大过,警戒你一下。"

还是不作声。

"道个歉再走,说,对不起你,我不该打你这一下。"

"对不起你,我不该打你这一下。"

"好,去吧。"

眼睛肿得更高了,上眼皮跟下眼皮像挤在一起的两个大水泡儿。半边脸热得烫手,出了校长室还是烫。他在眼睛周围轻轻地摸,那冰凉的手能教眼睛舒服一会儿,可是只有一会儿。这个眼睛瞎定了,他想。这一下他没有哭,也没有想哭,瞎就瞎了吧,不瞎更丢脸,才戳了个小洞眼儿,就告诉校长。

胡炳奎坐在他那靠门口的位子上,不做什么,就这么抬起了头看。也准是在想方才校长室里的情景。妈大声大气地跟校长说:"我的孩子向来不打人。""那个孩子太不讲理了,是世兄弟呢。"我是跟校长说我也打了他,校长可没有记我一次大过,他说"人家打你,你该告诉我,不要回手",就混了过去。在校长室里,妈一直捧住我半个滚烫的脸。

胡炳奎在笑了,他心里在笑。他说"对不起你,我不该打你这一下"的时候,已经在笑了,他那眼神在笑,他那说话的声音在笑,他那走出校长室的样儿也在笑。现在笑得更厉害了,他的脸一抽一抽的,似乎想忍住,别笑得喘不过气来。

妈走了过后,胡庸、吕焕平他们围着问:"怎么了?"那声音里没有带着笑,他们会知道是妈拖着我一起来告诉校长的,是妈的意思,不是我的意思,我说过还要打,我还笑过那些个打输了告诉校长的。

也许他们也在笑我,背着笑我,背着我大笑特笑。这本来该笑。他们不会想到是我拖着妈来告诉校长的吗?他们是在笑,拿个眼睛去换一声带着笑的道歉,不值。"大过"更不值了,那是人家的。

前额痛,眼睛痛,整个脑袋痛成一片,不知道是哪个痛把哪个痛引起的,痛,就只是痛。像有东西在里面跳,跟孙悟空在铁扇公主肚子里跳一个样子,那是妈、校长、胡炳奎,还有胡庸、吕焕平他们,还有所有今天遇见的人……

打,还是要打。还他一下不轻的。要他哭,要他叫,哪怕他哭里叫里还是带着笑。

得教他们全都不笑。狠狠地打他一下,再去自首。

下午带了弹弓去。打了,陪胡炳奎记一次大过。

fǔ 鱼

叶至诚

每年冬天,都江堰来一次"岁修"。先修外江,次修内江。阴历正月间,内江上流头给拦住了,成都郊外的小溪沟全翻出了肚子晒太阳,白一搭黑一搭的,好像描上了花。大河沟里水浅了,清得一眼可以瞧见河底;烂鞋子,烂布头,长得像头发一样的水草,捆着猪胎胞的草包,在这些东西上面,一些青白色的小虾在那儿爬着,就只差几条看着要滴口水的鱼,不然,河底的景致齐全了。虽说水浅,也还有看去绿油油的地方,这是河底凹下去的潭。炖汤吃味儿顶鲜的鲫鱼,一身肉没有多少骨头的鲇鱼,滑溜的黄蜡丁,透亮的大马虾,就藏在这些个潭里等水涨。

才过了年,私塾和公学多半还没有"行课",要耍就得在这几天里耍个痛快。田里深绿色的麦苗自个儿不声不响地长着,蚕豆跟油菜已经开了花,蜜蜂正在花丛中钻来钻去;做庄稼的只消坐在屋里等着收"小春"。这时候小孩儿大人全有空。太阳明朗的日子,谁高兴说一声"今天吃了'烧午'fǔ鱼去",包管十个有九个嚷起来,"我来一个!"

钓，网，赶着鸬鹚去捕捉，都不叫fǔ鱼。把河沟里的水弄干叫作fǔ，弄干了水捉鱼才叫fǔ鱼。这个字该怎么写，不知章太炎、黄季刚可知道！只好用拉丁字母标音。

成都平原的河沟就跟一棵大树一样，大枝分小枝，小枝又分细枝，在大河沟分叉的地方，用板子、泥巴、石头把自己要fǔ的一条沟闸住，让水尽往那一条流去。闸要高，要结实，不能有一个漏水的小窟窿。否则这头道防线完了事，往下的堤随你做得多么好，给水一冲也只有坍的份儿。有时候刚fǔ到一半儿，已经看见鱼在浑水里蹦蹦跳跳了，一下子闸倒了，水翻过板子了，眼看着马上要到嘴的好下酒菜给一道急流带走，连影子也没有了。费了老大的劲，大马虾也没有到手一只，这才有你气的。

沟口闸住了，先别忙着下水，且让水慢吞吞地往下淌，鱼绝不会跟着水跑走的。人在水里乱踏一阵，鱼儿得了紧急警报，那才会急急忙忙地疏散。淌了一阵子，要fǔ的一条沟里水更浅了。整条全fǔ，没有这么多气力；并且，那些浅的地方不是明明白白看得清没有鱼吗？从中挑一段，潭多些的，两头儿用泥巴和石头筑起一条"闸"一样的"堤"。要省些气力的话，在两条堤中间水浅的地方，花点工夫再筑几条。这样把一段沟分成了几格，就可以动手fǔ了。

正月的天气，太阳再明朗，也不过这样一点儿热气，绝不会把河沟里的水晒暖。要fǔ鱼可得脱了长衣服，将裤管卷在膝盖上,下水去,水冷得激骨头,鸡皮疙瘩一阵又一阵。要吃鱼,还有什么说的。

要是有一架手摇水车,fǔ鱼算不了一回事了。把水车架在堤上,摇一阵子,水就少了,干了。没有水车比较费事,得用桶子盆儿,一桶一盆地往外泼。时间花得多,又累人。做庄稼的很少有手摇水车。要fǔ堰口下的大潭,借也得借这么一架,在沟里fǔ,就多半用桶子这些东西。桶子在水面掠过,一道白亮的水射到堤那边去,发出清脆的一声"啪";这边儿呢,水面起了两条波纹,向两边扩散。两三个人站在一并排fǔ桶子激水的声响,水落到水面上清脆的一声"啪",轮替而作,很有韵律。水动得这样厉害,只要没有人在这一格里来回地走,鱼不敢冒险上来溜达:尽管放心大胆好了,鱼不会跟水一起给泼到那边去的。fǔ了一些时候,堤那边的水面跟这边高低相差得多了。泼水的时候,水不免落在堤上,打下来一些泥土,因而堤容易漏。堤一漏,这边马上会成原样子,水涨得跟那边一样高。见着堤上有一小股水漏进来,就得找到那个窟窿,用泥巴填补。水是从那边进来的,在这边填补那个眼儿,没好久,原眼里又漏水了。有经验的就翻过堤去,在那边填补,塞好了泥巴,使劲地踏上几脚,小窟窿里挤出一股黄黑的泥水,就再不会漏了。

水淹不住腿肚子了,fǔ水不再像先前容易。将桶边紧贴沟底,使劲一舀,赶忙往堤那边送去,也只有半桶泥水,好在这时候已经可以摸鱼了,只消留一个人有一桶没一桶地 fǔ 着,余外的就拿着虾耙、畚箕,向水底里摸。虾耙这东西,除了口子上用两块厚竹片,其余全是细篾条编成,平平的底,三边向上弯拱,由一条篾索维系着。使用的时候,一手抓住那条篾索,另一手提紧后部做就的把手,向水底捞去;拿起来,泥水立刻漏掉了,鱼可无论如何漏不掉。

一格里如果有鲫鱼,再也跑不掉,不忙捉。先在沟边那一个个的泥洞里摸鮎鱼。这并不个个人都会。湿漉漉的泥洞,望不见里面有什么东西。挖开些泥巴伸只手进去,不知道会摸着个啥名堂。水蛇也是藏在洞里的。黄蜡丁张开它的鳍,身子一摆,会把伸进去的手刺几个眼儿。小螃蟹毫无吃头,偏偏长着一大对螯,一夹夹住,够你受用。须要胆子大,不怕流血,才干得成这玩意儿。鮎鱼一进水,溜得比蛇还快,别想再找着它。又跟泥鳅一样会钻土,向沟底烂泥里一钻,用虾耙提起放下摸老半天,也找它不到。所以一个人伸手往洞里去摸,另一个得托着虾耙凑在洞口。摸着洞子里不空,扁扁的头,横阔的嘴巴,那是一条鮎鱼。要抓出来可不容易。鮎鱼全身滑溜溜的,哪一头都抓不稳,刚抓住,又滑脱了。把洞子挖大点,袖子卷到肩膀上,身子靠着沟边,一条胳膊全伸进去掏,好一阵子,才见拖泥带水的一条鮎鱼在虾耙里蹦蹦跳跳的。fǔ 堰口,就为的捉鮎鱼,fǔ 堰口有装满鹅卵石的竹笼,巩固河岸用的；fǔ得差不多的时候，这些竹笼露出来了，反正要重编的，就拆掉旧的。一块一块地翻开鹅卵石，运气好，一窠老小三四条鲇鱼干巴巴地躺在那儿，提一个桶子，往桶里捡就是了。

虾耙在沟底里捞，提起来，手上觉着一动一动的，这准是有鱼遭殃了。才离开水，鱼很不安定，乱蹦乱跳，鱼肚子在阳光中，亮得耀眼。若不马上放进水桶，停一会儿，就只张着嘴躺在里面喘气。有时候水草泥巴把鱼压住，跳不起来，用手轻轻一撮，鱼趁着机会就跳。很少有鱼进了虾耙又溜掉的，就为鱼离了水会跳，一跳，眼睛虽没瞧见，手可帮着瞧见了。捞鱼不能性急，你想快一点捞完，再去fǔ上边的一段，就会有多少本该你吃的鱼你吃不着。要勤快，要多捞几下，也许这一手一条也没有，下一手就来两条肥的。捞得差不多了，连捞几下也不见一条了，可是辛辛苦苦地fǔ了水，如果还有鱼，放过了岂不可惜？就在这一格里乱踏一阵，一股浓黑的泥浆从沟底泛了起来。于是人站开一旁，让泥浆慢慢地沉下去。鱼在泥浆里觉得不好受，浮到水面来看看人走了没有。这当儿，眼快手快，一虾耙下去，水桶里又有新的俘虏了。

第一格fǔ起来吃力些，第二格可容易了。只消把堤挖个口子，虾耙凑在口子上，让第二格的水经过虾耙流出来，鱼跟着出来，就给虾耙挡了驾。等到水停止了流动，第二格也差不多干了。把才挖开的口子堵住，再fǔ上几把，又可以动手摸泥洞，提着虾耙捞鱼了。

农人们不大欢迎人在他们自己的沟里fǔ鱼。闸要做结实，堤要筑牢靠，沟底的泥巴不行，松松的，一冲就散了；得用沟边上的，挖掘也近便。一些不懂规矩的，尽在沟边上挖掘，沿沟栽的桤木都露出了根子。成都平原的灌溉全靠河沟，这样挖掘，沟边容易坍。为防这一着，就不让人在自己的沟里fǔ鱼。见着有人fǔ，不管他挖了沟边没有，把堰口的闸拆了就走。fǔ鱼的时候常要派一个人，提着锄头，到堰口去瞧。闸漏了得补，水齐了板子得加上一块板子，遇见沟主人来拆闸，就好言好语向他说，fǔ完了就走，绝不挖他的沟边。

fǔ到了几斤鱼，大家围在一起分，动手的全有份。大鱼放大鱼一边，每人派几条。分不平均时，两条小鱼抵一条大的。小鱼马虾也得分。各人拿个家伙装着，笑嘻嘻地散了。

鱼煮好了，端了出来。大家围着桌子坐下，叫小孩儿幺店子打回几两干酒，倒在一个大青花土碗里，轮流喝着。狠狠地在鱼碗里夹上一块，赶紧往嘴里送，只怕半路掉了筷。

闭上嘴，轻轻地扭几下。骨头给舌尖一送，就粘在嘴唇上。接着端起酒碗，呷这么一口，啧啧的辨着味儿。壁上挂着青油壶，一颗淡黄色的火焰在壶嘴上摇摆，照出每个人的笑脸。小孩儿捧着一大碗白米饭，嚷着："我要鱼汤汤。妈，我要鱼汤汤。"

成都农家的春天

叶至诚

从松潘到成都这一段岷江是棵没人修剪的大树,这儿分出一枝,那儿叉出一桠。成都平原正好在树梢上,又密又乱的枝桠结成个网。紧贴着细枝小桠,一座座院子坐落在那儿,是大树的果实。

除了阴历正二月间修理内江那三四十天,河沟里至少有大半沟水轻快地流着。随时可以引来灌田,取来喝。河沟边上放一两块大卵石,农妇蹲在上边,清洗衣服跟蔬菜。

修理内江了,河沟里的水一天比一天浅,一天比一天静,一天比一天清。

小河沟里水干了,只凹下去的地方还有褐色的泥浆,连晒上几个太阳,泥浆也干了,整条河沟干巴巴地躺着。沟底起着皱,一愣一愣,鱼鳞儿似的。有地方壅着一大块泥土,上边是成片的青草,长得怪有劲的,比岸边上的还嫩,还肥。去年修平整的沟底,给水冲了一年,积下不少泥沙,有地方岸边给冲坍了,大块的泥土滚在沟里,收紧了那儿的沟道。

都江堰开堰前十几天，做庄稼的提了锄头去修理自己田旁边院子旁边的河沟。挖掉一年来堆积在沟底的泥沙，坍塌在沟里的泥土，把沟道修得平平整整的。他们管这个叫"迎新水"，沟道修平整了，好让新水走得顺利而愉快。

河沟一边傍着小路，灰白颜色，鸡公车的轮子在路面划上一两条曲里拐弯的槽。太阳斜照着，槽作黑色，怪醒眼的。难走呀，这种路，窄一点的就不可能一脚板全踩在地上。打沟里挖来的泥土，顺便往小路上抛，用锄头轻轻耙平，至少也有个把月可以走平坦的路——方便过路的，也方便自己。

小路另一边的田里，嫩绿的油菜一股劲地伸长着身子，已经有几棵透出了米大的花苞。麦子也不弱，欣欣然地挺着长叶子，蚕豆叶颜色顶深，有点近乎黑。盘在蚕豆梗上的豌豆苗可绿得鲜。稍远一些，就有两排桤木树立着（偶尔夹一两棵长小叶子结圆果实的苦楝，或者干枝粗大、皮子裂开的杨树）。夏天，这些桤木树长满了阔大的叶子，遮住了多少太阳。现在，粗枝上还只缀着星星儿的绿，要站近才看得见。远远望去，笔直一根树干挺出十来根深褐色的枝桠。

一沟水（岷江的大枝桠）流过两排树中间。在这儿拐个小弯，在那儿曲几曲，树就顺着沟道这么一弯一曲地排列着。桤木树做不来家具造不来屋，虽说树干有松柏那么直，质地可太松，然而肯长，栽下去听它自个儿大起来，甭花人工照料。冬月间，挑大的，砍它几十棵卖了过年，留下一些，正月里烧腊肉风鸡吃。

灌县到成都短短一段路，水平面却相差得远，水急忙忙地奔过，时常带些泥粒一块儿去旅行。流水带走了泥粒，沟两边儿凹了进去。慢慢地，沟岸跟三峡里看见的奇石一样，大半截临空悬着。会有一天，沟岸感到太累，一下子软坍了，填在沟里，不再让人在它身上走来走去。桤木贱，肯长，栽下一两年，树苗就成了粗树干。根和根毛全死命地往泥土里钻。树子一多，年代一久，沟岸上任随哪块土，一锄头下去总不容易挖起来，连连牵牵的根毛把泥土团得紧紧的。水急忙忙地流过，当然还是带些泥粒去，可是沟两边儿不再这么快地尽往里凹了。

冬月间砍了的桤木树的缺档，得插树秧填补。桤木树秧有四五尺高，圆周大约跟二十分镍币相当，一些叶芽贴在光干儿上。二三月间有人挑着，大捆大捆地卖。河沟边，细干儿根旁围着一圈湿泥的，就是今年才插的树秧。

在两行桤木的拐角儿上，竹子成丛，像个土墩模样，竹子高头又矗起些柏树。靠着小河沟，这样的竹丛，隔一段路就是一个。围在竹子中间的是庄稼人的院子。多舒服，家家竹树环绕。

这些院子疏疏落落地散在田野间，像一个大家庭的各房兄弟一样，互相呼应，互相照顾。瞧！这边三家，那边五家，隐在桤木树后面还有。

试看其中的一家。那家两面是小沟，两面靠水田。沿沟一排"百夹子"（一种竹子的名称），当着院子的大门。百夹子挤得挺紧，墨绿色的叶子底下有好些枯叶给夹住了掉不下来，竿子绿得发黑，才一个大人高的竹子有这个颜色，像三岁小孩生胡子一样老气横秋。一枝树桠伸在百夹子外面，不知长了叶是个啥样子。靠左边百夹子留了个空当，可以看作那家最外边的一道门。空当两旁栽着两棵也是柏树，全有两根百夹子高，更显得这空当像个门。两块木板，一头搭进空当，一头搭在小路上，板上铺一层泥土，好好一顶桥。那家另外的三面全栽慈竹。这种竹子越往上长越细，长到顶上像柳条一样倒挂了下来，没有枝叶，光溜溜的一根，像渔翁的钓竿，下面是把手的地方，上面是钓丝。

过了正月初五，不该光耍了，做庄稼的砍些百夹子跟慈竹，编制一年里头要用的扫把畚箕之类。往后去没有空闲日子编制这些东西了。还有余多的工夫，就劈好一扎一扎的篾条，预备编补竹篱。

就在修整小沟那些日子，做庄稼的把条凳放到河沟里，坐在那儿编竹篱。条凳一头放了好几扎篾条。劈刀砍下来的竹枝，用篾条紧紧拴上百夹子。太阳不很热，晒着可也够暖和，穿单衫还得淌点儿汗水。那个用来点火吸烟的火笼子放得远远的，要是不吸烟，一边儿编竹篱，一边儿哼山歌："栀子花，满树开。隔壁子大嫂过来采，手攀栀子桠，脚踩栀子干。……"这些院子，哪边栽慈竹就不用墙，进来就是屋子，得特别谨慎，竹篱外还加上长刺的"铁犁耙"。

有些院子，在那高出竹子的柏树上，竖着一个稻草编成的方块儿。矗得高，又是黄的，在绿的背景里，一眼就望着。这是一架永远不停息的话匣子，成天用不出声的话在说："这儿有菜秧卖，这儿有菜秧卖。"

家里人手多，又全勤快，冬月间撒些海椒种子，正月间再下些茄子跟豆类瓜类的种子，正二月间先先后后长成了，卖出去也可以补贴零用。

头回撒海椒种子的时候，正吹着西北风，得在特别暖和的场合才会发芽。用稻草编成个长方形的秧床，两尺多高，中间铺一尺半光景高的牛粪，再加上七八寸筛过的细泥。牛粪随时放出热气。白天晒了太阳，到晚又用草笆盖着，秧床总是暖暖的。海椒种子这才抽出了细芽，慢慢地长着，长着。

每天用细孔水壶洒几次水，要洒均匀。哪一块也不让它吃水多了。见到不成样的菜秧顺手拔了。菜秧长到相当大，稻草编的方块儿就竖了起来，等人家来五十、一百地买回去。正月末尾开始卖头批菜秧，卖了再下种子，长大了又卖，一直卖到菜花黄成一大片的时候。

做庄稼的虽然靠着溪沟住，可不常吃鱼。买一斤鱼得花多少钱。河沟里又老是大半沟水，没有网别想捉住一条半条。用钓钩钓呢,做庄稼的哪有这么多闲工夫?趁都江堰岁修那三四十天,捉些鱼来,吃它个痛快。瞧,大河沟里水多浅,怕才只齐腿肚子,流得多慢,用板子闸上,得过好半天才涨一板高。沟底那些绿油油的水潭,该藏着多少好鱼。嘿!那头游过一条,唰地一亮,大着呢。

小孩儿们爱上水才没过脚背的那些地方去叉鱼,只要眼快手快,甭花多大气力。鱼叉才筷子那么粗,叉来的鱼也只够喂猫儿。他们可不嫌弃这个,抽空儿就三个五个拿着鱼叉,提着小桶儿往沟里去了。"这儿一条,快!快!看到没有?""跑了,跑了。""这儿来了,快点儿!""不要闹,不要闹,悄悄默儿才行。"

大人不常干叉鱼这玩意儿。要捉鱼,"fǔ","照"。照鱼得在新水来了过后,烁亮的火把照在水面上,鱼儿成群地游上来了。那时候蚕豆(当地人叫胡豆)给晒干了,一棵棵焦炭似的排列在田里,等待"剥胡豆的"到来。菜籽也焦黄了,眼见就要爆开荚壳,弹出里面的小籽籽来。虽说照鱼是晚上的事儿,白天田里做累了,也就不很乐意少睡小半夜觉去照鱼。拦水灌田那时候也可以照鱼,却又是白天更忙的时节。一年里看不到几回照鱼。

fǔ鱼可就常见了。这一段河沟鱼多,沟底有这么些鱼儿藏身的好地方,水又不太深,几个伴儿能把它fǔ干,就fǔ这一段吧。先顺着河沟往上流走,找着这条河沟跟另外一条分叉的地点,用板子跟泥土做起一个闸,教水尽往另外那条流去。在要fǔ的一条沟里筑上几道土埂，把它截断，一小段儿一格，一小段儿一格。打挺下面的一格fǔ起，木桶子，洗脸盆，能把水往外泼的全用上了。咔嚓，咔嚓，一条条白水射出去，打在格子以外的水面。水里水面全荡漾着声音。直到桶子脸盆泼不出水来了，提起虾耙在格子里捉鱼。捉过一格，跟着fǔ第二格，第三格……

fǔ一次鱼，可以弄到两三斤。同去fǔ的不是自己人，就围住盛鱼的桶子分，动了手的全有份儿。

进了新年。连着一两个月不下雨。都江堰开的时候，天气转潮湿了，转暖和了。几天雨一下，新水给引了来，大河沟里的水眼见着涨，涨上尺多高，就一股股地淌进为它修得平平整整的溪沟，做这一年间的开路者。

下一阵雨暖一点儿，下一阵雨暖一点儿。田里成了整片儿的黄。大太阳底下尽望着，眼睛要发花，阖上眼皮，大片儿的黄还在眼前闪耀、浮动。各个院子的竹丛，打大片儿的黄里突起，绿叶子那么厚，分不清哪些长在哪根竹竿上，整个儿是一堆绿。风吹过，绿竹轻轻摇摆发出飒飒的声音，像蚕儿吃桑叶；像细雨打上草屋顶。住乡间，这一点绿不稀罕，可是夹在一片耀眼的黄里，显得特别可爱，有别地方的绿所没有的好处。

几家院子旁边，高树的新绿忽然翻出白色。梨花开了。密密地缀满一树，白得像蹩脚鹅蛋粉，没有一点儿光彩。前些时光干子挨着墙，现出可怜相的李树，也精神起来，笼着一树的白，细小的花朵一簇一簇的，堆得很厚，仿佛积雪。开了，桃花。开了，杏花。庄稼人园子里，常栽些果树，只是不多，三两棵，稀稀的。绿的世界里添上桃花杏花那淡淡的红，越发加浓了春意。也开了樱桃花。樱桃花比杏花更淡，娇艳里透着素雅。

大姑娘们高兴，会采几朵桃花来戴，此外没有人采花朵了。要看花，对着树子看就是，折下来供在屋子里是多事。能结果子的，留着结果子，别去动。不结果的，也随它自开自谢。

"剥胡豆——剥胡豆——"天才蒙蒙亮，连做庄稼的也没有全起身，田间一声接一声地吆喝着，迟缓而响亮。

女人小孩子聚了一大群，帮大庄稼剥胡豆。哪一家需要人手，听到吆喝，就把他们留住。一个拿一件盛豆子的家伙，坐在田里剥，一边儿摆龙门阵，反正嘴空着。剥下多少豆子，计升取报酬。手脚快的也很能挣些钱贴补家用。家里不种田或是种得少的，在这个时期，女人小孩全赶早出外，帮人家剥胡豆去。

"剥胡豆——剥胡豆——"吆喝着，吆喝着，菜籽收了，种菜的地灌了水，待牛耕过做秧田。

"剥胡豆——剥胡豆——"吆喝着，吆喝着，麦子熟透了，重重的麦穗低了头，麦秆弓起了背，要是刮一阵大风，就成片地倒地。

"剥胡豆——剥胡豆——"吆喝着，吆喝着，天气转进了初夏。晴天清早,成都平原西边露出一条带子,洁白明亮,反耀着玫瑰色的光。那是雪山。太阳升了起来,玫瑰色的光收敛了,一会儿,整条带子也隐没在绵绵的白云里了。

拉路车的

叶至诚

街车走到离城三十里地不能再往前去。路车可以到随便哪个县城，哪个乡镇。可是有限制，也有限制。拉北路的车的就只能在北城外的公路上跑，这就是说，他们也只准许在一定的范围里找饭吃。

街车上了路，要挨打；路车上了街，要挨打；拉北路车的走了南路，要挨打；拉南路的走了北路，要挨打——为了利益，大家都卷起了袖管儿。

为了出远门的不喜欢在半路上换车，为了路中间小乡场上不容易等着生意，近城门的街道两旁都排满了车。那里是街车和路车的接替站，也是街车和路车都可以到达的"阴阳界"。在那里，有些车夫慢声慢气，贪图节省半分气力似的告诉你，××街不去；有些车夫怪模怪样，嫌你不明白事理似的回答你，不去×县。但是放心，你不会去碰那些钉子，你不须要去碰。为了争一顿饭，争顿好一点的饭，不停地有人在喊："去新都吗？新都！新都！""三合场！三合场！（歇一口气）新都！新都！

（歇一口气）要不要广汉？广汉？"在那里兜卖时间、气力和性命。

……于是提起车杠，拔脚就跑。拉上公路的，不用再担心今天的"底子"；拉上街道的，可还得计算："还少八十呢"，"只少五十了"，"刚够底子呢"。拉上公路的，早饭，午饭，乃至于晚饭，歇店，一切花销都有了着落；拉上街道的，跑着喘着气，可不知道今天是跟平日一样，还是偏偏碰着霉运，到头来够不了本儿。拉上公路的，准定有四五百块藏在贴身的衣袋里过夜；拉上街道的，带了米回去，有剩的，明儿早上也许只够吃两个锅块。拉上公路的，明天待在××街上，有心没心地跟坐客要价让价；拉上街道的，放下车上的主顾，就得东张西望，等候第二个第三个第四个，等候他们手里递过来二十三十四十，等候第一顿第二顿末一顿。

十几二十岁的小伙子跑公路去了，留下些三十四十的；有长力的跑公路去了，留下些只能走短程的；丢得下家的跑公路去了，留下些家里找一点别的收入，非得拉一天吃一天不可的。

拉路车当真好？"好啥？还不是吃光用光！"他们摆摆脑袋朝你说。"一天要拉千儿八百呢。""撞到好几天一个生意都不做。""不能把钱积些起来？""哪里能？""病了呢？""还不是这里两百，那里五十，到处借，等好了一个一个挣来还。""那做什么要拉路车？不跟街车一个架势？""先生，生意嘛，各人各做。"多半朝你这么说。遇着小伙子，活灵的，喜欢多说两句。"路车要自在些个。找到一个长路生意，啥都不要管了，只消用气力拉快些，巴望买主多给两个茶钱。（隔一阵子）头天要是拉得好，第二天做不做生意随我。路车要自在些个，就是这点。"就是这点，就是这点，当他们身边放着六七百块，跷起"二郎腿"坐在自己车上，冷眼看着几天没上路的同行廉价出卖气力那时候，该多称心，该多轻快。"嘿，个龟儿子，这几钱拉××！"往地上吐一泡口水，又这边那边有意无意地看着，他们高兴。他们高兴，这整整一天里，他们有不屑赚的钱，不屑过的日子。打个譬方说，要找吃的，要找喝的，要过日子，这些个念头合成一副重重的担子，一天定要你挑多少路。拉路车的挑起来，走了老大老大一段才放下，坐坐，伸伸腿，解开衣扣儿透透风。等汗水干了，全身气力都回过来了，看看天色，"还早，今天怎么样也给他赶拢"。于是他们得到了生活的奢侈品——悠闲，虽然只有丁丁大那么一点儿。拉街车的可挑一阵，歇一阵，歇一阵，挑一阵。等他们歇着的时候，跑去跟他们说句笑话儿："你们倒好，又歇气了。"他们马上皱起眉头："还有那么多路要赶，晓得拢得了不！"

拉路车的跟拉街车的一样，用来挣饭吃的车大一半（百分之九十以上）打车行里租来。一挂车值万多两万块钱，要押，谁个出得起？不押，谁个信得过车拖了去准来还，准缴租？保人，要保人，要保人让车行放心把车租出去。车夫请一个在那个地方住家，比自个儿钱多地位高的人作保。车行信得过这些个"钱"跟"地位"，也就信得过车夫的人格，于是车夫有资格出钱租一辆自己一辈子也置备不起的车了。车租论天数，也论车的好坏，每挂每天大概是一百五到两百光景。在车夫一天的开支当中，这个数目是可观的。这个数目凑成的车行每天收入总数也是可观的。

  要得到劳动的工具，车夫们出了车租。要得到劳动的力量，车夫们还得出饭钱。饭钱比车租要得更多，饭钱比车租要得更紧。所以大家说："人家辛辛苦苦地跑来跑去，就是为的找碗饭吃。"所以跟主顾讲价的时候，车夫说："先生，不贵，吃个帽顶子就要多少钱。"所以低价拉了个生意，坐车的总听到抱怨说："没办法，要吃饭！"

  城门近段儿和大乡镇上，有专做旅客跟车夫生意的店铺，据说那种店铺很有些北边儿骡马大店的味道。店里有茶，有酒，有饭，有歇场，打清早到清早，整整一天里，你要什么有什么。房子宽大，进深。前半段儿卖吃的喝的，后半段儿一间一间打零出租，多少钱一个晚上。前后两个半段的中间有一大块空地，不搁桌子，不摆床铺，拉车的把主顾直拉到那儿歇下。生意好的日子，白天晚晌，那儿一挂挨一挂排满了车，检阅似的。

车夫们在铺面前头几排桌子吃饭。五六个七八个坐成一桌，可是各人吃各人的饭，各人付各人的账。有时两三个熟识的打伙儿，要份蒸菜或炒菜摆在桌子上。旁的人就是红着眼滴口水也不叫吃一筷。饭用大土碗装，盛得紧紧的，鼓鼓的，在碗上堆起个馒头。乘客们在里边儿吃，好点的店铺还有分间的雅座，专接待肯花大钱吃大鱼大肉的。这些人的饭就松松的，平平的，装在细瓷碗里。对于这一点，车夫们都很满意。"赚钱要在你们先生身上赚。我们的钱不好赚，他们也不敢赚。哪一家饭装少了，我们不到他那儿去打尖儿歇脚，就叫他没有生意做。"

车夫们吃得不太坏，都知道身体要保养。"拉车，伤元气，不能吃得太坏了。拉到个远路生意，就要个荤菜填填力。钱是愈有愈想要，愈多愈舍不得用。我们卖气力的天天有吃就对上天了，当真想积钱聚财做大粮户？"

店铺里还有几间专租给车夫们歇的屋子。暗些，破旧些，一间里放两三架双人床，也显得挤些。乘客们歇的屋子，论床铺多少，房间大小，陈设好坏算钱。车夫们歇的可只凭被盖算，一条被盖，一个晚上算多少，旁的一个钱不要。白天，床铺上一条被盖也见不到，要晚晌店铺关了门，自己到柜上去领。大半都领一条，在柜上写个名字，抱起就去睡。第二天一早，店铺依着名字取被盖，收租钱。歇在一个房间里的，跟在同一张桌子上吃饭的一样，只是同个房间而已,有时候一房间五六个人,谁也不认识谁。

有爹娘家小的,外边歇了几天就想法弄个回头生意,给家里拿钱回去,带东西回去。碰到不凑巧,好几天拉不到回头生意,家里人就要在路上大声喊着问熟人:"看见我们××没有?""没有。""在××不?""多半在。那里车多,一时怕不得回来。""什么?""那里车多……"这些人走不远,只能在短短一段路上来回跑。单身的跑得就宽了,出去个多两个月,才回家乡走一趟。还有今年插秧时候出去,到明年收麦子才回来的。

公路上来往的汽车少,拉车的还没有觉得汽车会抢了他们的生意。上海拉人力车的打过电车,吴淞江撑白木船的打过汽船,这类事情这里不会有。这里公路上难得有辆汽车,而且这里的旅客想要节省的是气力,不是时间。他们都会躺在车上,随车夫慢慢儿慢慢儿拉着走,这就是一种享受。要有急事呢?要赶快些呢?喊个"快车",那飞跑的速度就满足了这里的旅客了。

谁都知道,长路不宜飞跑。可是有些车夫专在长路上拉快车赚钱。他们跟"鸟人""人蝇"一样跟性命开玩笑,因为这种玩笑能赚更多的钱。人家一遍得一百块,他们得一百五,人家一天打一个来回,他们一天跑三个单遍。他们得的钱比人家多,于是他们瞧不起拖着车一步一步走的。别人也眼红他们有那么些钱赚。只是拉"快车"的不见特别多起来。拉那个要很好的体力才成。有些人说:"快车伤人得很,拉不到几年就要丢性命。我们又不图什么安逸,将就得过算了,何犯去拼命?"

拉路车是将就得过算了。不爱赌钱,老诚地把日子打发过去,也还能给家里添些东西。不过拉车到底容易死。拉快车,快些,不贪图那个大钱,慢些。人一死,家里的日子就不容易过了,几年间添的东西都拿来卖了。直到第二代长大,拉得上车了,家道才又能转好些。可是多半等不到第三代长大,第二代又死了。一代一代下去,像水浪似的起伏,起伏。不过这只是些小浪花,自己起伏着,在别人永远不觉得什么。

重印后记

叶至善

我们三个自称为"作文本儿"的《花萼》和《三叶》,原先由文光书店出版,那是解放以前的事。现在三联书店打算把这两本习作集合在一起重印,要我在后面写几句话,因为两本集子原先的"自序"都是我写的。

在《花萼》的"自序"里,我记下了当时我们三个围着桌子看父亲改我们的习作的情形。说是看父亲改,实际是商量着共同改。父亲一边看我们的习作一边问:这儿多了些什么?这儿少了些什么?能不能换一个比较恰当的词儿?把词儿调动一下,把句式改变一下,是不是好些?……遇到他看不明白的地方,还要问我们:原本是怎么想的?究竟想清楚了没有?为什么表达不出来?怎样才能把要说的意思说明白?……多么严格的考试呀,同时也是生动活泼的训练,要求我们笔下写出来的能毫不走样地表达自己的所感所思。

我们三个都乐意参加这样的训练,因而几乎每个星期要交一篇习作给父亲。写什么由自己定,父亲从不出题目。

父亲一向主张即使是练习，也应该写自己的话，表达自己的真情实感。我们照父亲的主张做去，觉得可写的东西确实很多，用不着胡编，也用不着硬套。只要多多感受多多思索，生活中到处都是可写的东西，而且写出来绝不会雷同；幼稚自然难免，但是多少总有点儿新意。我们的习作所以能赚得宋先生和朱先生的喜欢，原因大概就在这儿。

朱先生和宋先生先后过世了，我们将永远纪念他们，感激他们。在序言中，他们出于爱护和鼓励，把我们的习作夸奖得过了分。宋先生只指出了一点，说我们的"头脑太冷静"；朱先生几乎没有说一句批评的话。我认为宋先生的批评的确说中了我的弱点；而朱先生说我们"没有那玩世不恭、满不在乎习气"，我看了却十分惭愧，因为我自己觉得那几篇习作中颇有点儿那种坏习气。朱先生特地插进这么一句，是不是寓批评于表扬呢？我看很可能。不管怎么说吧，对于这两个缺点，我一定得时时警惕，主要还不在于作文而在于做人。

《花萼》收集的是一九四二年我们三个的习作，当时曾想每年选编一本，作为我们练习写作的纪程，可是没有如愿，到一九四四年底才编成第二本习作集《三叶》。这是因为我们三个的生活和工作都有变动，不能再聚在一起跟着父亲修改习作了。一直过了三十几年，最近四年间，我们三个才互相鼓励，重新练习写作，有些短的习作还要请父亲过目。可惜父亲的视力越来越衰退，戴了老花镜，加上放大镜,在四十瓦的日光灯直射下还看不清写在一般稿纸上的钢笔字。我们只好用粗铅笔把字写得核桃大让父亲看,还得尽可能把习作写得短一点儿,免得父亲过分劳累。今年我们三个的年龄加起来恰好是一百八十岁,还能在父亲跟前练习写作,一定使许多年轻朋友感到羡慕。其实父亲教给我们的主要是两条守则:一条是写的时候要写自己的话,一条是写完之后要自己用心改。我们愿意把自以为受到好处的这两条守则,贡献给愿意学习写作的年轻朋友们。

至善 一九八二年十一月四日